AF345688

EL CAMINO DE SANTIAGO Y EL JUEGO DE LA OCA

CLAVES DEL *BUEN SABER*

SEBASTIÁN VÁZQUEZ

www.caminodesantiago.guiaburros.es

Diseño de cubierta: ©Andrea Fernández Rodríguez (EDITATUM)

Maquetación de interior: © EDITATUM

Primera edición: junio de 2020

Cuarta edición: septiembre de 2024

ISBN: 978-84-18429-00-2

Depósito legal: M-15962-2020

IMPRESO EN ESPAÑA/ PRINTED IN SPAIN

Te invitamos a registrar la compra de tu libro o *e-book* dándote de alta en el **Club GuíaBurros,** obtendrás directamente un cupón de **2 € de descuento** para tu próxima compra.

Además, si después de leer este libro lo has considerado útil e interesante, te agradeceríamos que hicieras sobre él una **reseña honesta en cualquier plataforma de opinión** y nos enviaras un *e-mail* a **opiniones@guiaburros.es** para poder, desde la editorial, enviarte **como regalo otro libro de nuestra colección.**

Agradecimientos

A mi Familia, que sin su luz me extraviaría.

A los Amigos y Amigas de la Vía compañeros queridos de España, Italia, Francia, Alemania, República Dominicana, Egipto ...

A todos los Peregrinos de la Vida que tienen la mirada alta y el corazón limpio. Especialmente a todos con los que he compartido tantos cursos y viajes... y shishas.

A todas las personas que me han estimulado para que escribiera este libro. Gracias también a Esther y Gloria por sus fotos.

A mi hijo Santiago por su ayuda con el ordenador y a Marta por su trabajo con las fotos.

Gracias especiales al franciscano que me dio permiso para incluir en el libro sus fotos del "sepulcro de luz" de O Cebreiro.

Gracias al ayuntamiento de Camariñas y a su alcaldesa por su amabilidad y colaboración.

A Coré por compartir viajes en busca del "buen saber" y por ayudarme tanto en tantas cosas.

Sobre el autor

Sebastián Vázquez ha estado vinculado al mundo del libro durante más de treinta años. Fue editor durante veinte años y director de *Arca de Sabiduría*, colección especializada en textos clásicos de las religiones y filosofías de Oriente. Ha colaborado en distintos medios de comunicación y actualmente imparte cursos y seminarios sobre el pensamiento heterodoxo y religiones, especialmente la egipcia.

Es autor de *El Tarot y los dioses egipcios; Enseñanzas de la Tradición original; Guíaburros: La salud emocional en tu empresa; Guíaburros: Cómo perjudicarse a uno mismo; Guíaburros: Budismo; Guíaburros: Cuentos de Oriente para Occidente, Guíaburros: La sabiduría de las grandes religiones; GuíaBurros: La impostura de la nueva era; Guíaburros: Hinduismo y GuíaBurros: La enseñanza sagrada del Antiguo Egipto I y II*. Es coautor junto a Ramiro Calle de *Los 120 mejores cuentos de la tradición espiritual de Oriente* y *Los mejores cuentos de las tradiciones de Oriente* y, junto a Esther de Aragón de *Rutas Sagradas* y *Guíaburros: Rutas por lugares míticos y sagrados de España*.

Desde hace algunos años viaja por España y otros países como parte integrante de los cursos que imparte, especialmente a Egipto para profundizar en su religión y enseñanzas desde la perspectiva de la tradición del pensamiento esotérico y del legado de las religiones mistéricas.

Su blog es: **tradicionoriginal.com**

Índice

Introducción 15

Premisas...19

   Antes de iniciar el viaje..............................19

   La Vía sacra, la Vía iniciática 21

   Claves de lectura.....................................24

   La invitación..31

A la luz de la historia y del mito................33

   Camino de Santiago o Camino a Santiago 33

   ¿De qué Santiago estamos hablando ?...................34

   La Leyenda Dorada de la tumba del apóstol 36

   La leyenda continúa 38

   Después de Almanzor y el *Codex*............................39

   Y llegó Cluny 41

   El milenario...42

   El papa que fue abad de Cluny,
el *Liber Sancti Iacobi* y Aymeric Picaud.....................44

   La concha y el viejo camino al Occidente.............46

   Un poco de historia del peregrinaje 49

En clave cristiana..53

   Los santos del Camino: leyendas que hablan.........53

   San Roque y una fecha: el 16 de agosto....................56

Sobre el grial 58

La leyenda griálica 59

San Lorenzo, la Jacetania y la leyenda 61

Simbolismo griálico 63

En clave esotérica 67

La segunda muerte y el crismón de Jaca 67

De tres en tres 69

Imágenes 71

Un *Mutus liber*: el juego de la oca 85

Un juego que guarda la clave 85

La Oca, heraldo de la diosa 90

La Virgen de la Oca 91

Las ocas , el *Via Crucis* y el número catorce........... 92

Una cruz en el cielo: el Cisne 93

Las 64 casillas de la oca 97

De oca en oca: las etapas del Camino 97

Los pasos: Puentes y Dados 103

Las cinco pruebas 107

El *alfa* y el *omega*: los Caminos olvidados 115

El Camino por la "Casa del grial" 115

El Camino de la "resurrección" 122

Nuestra Señora del Monte, llegada al Paraíso 130

Despedida..137

Introducción

Esta obra ofrece al lector una perspectiva diferente sobre la historia y el significado del **Camino de Santiago**. Esta perspectiva es la de la tradición esotérica e iniciática, aunque soy bien consciente de que estos términos hoy carecen, a fuerza de ser vinculados a ideas ajenas a su significado en el marco de la tradición, del valor que en su contexto espiritual tuvieron en el pasado.

Me ha sido más difícil de lo esperado construir esta obra; por un lado debido a la necesidad de reducir y sintetizar un material mucho más voluminoso y, por otro, por la dificultad de intentar transmitir un mensaje accesible dentro del marco tradicional del conocimiento iniciático. Es mucho más sencillo mostrar las claves del *buen saber* a las personas que he acompañado por el Camino en distintos viajes, que hacerlo desde la distancia que procura lo escrito. Esto mismo me ocurre en los viajes que organizo a Egipto con la misma intención de mostrar las "claves de lectura" de una enseñanza que es la *madre* de todo esoterismo y toda iniciación.

El término esoterismo proviene del griego *esóteros* que significa "oculto", "reservado" y se lo debemos a la escuela pitagórica aunque su origen está en el antiguo Egipto. Sus características principales consistían en que era un conocimiento que debía ser **expresamente solicitado** por el aspirante, que era **transmitido solo oralmente** y que se pedía al que lo recibía **guardar secreto sobre el mismo**.

En cuanto al término iniciación, este se refiere al momento en que el candidato que lo solicitaba y que debía de reunir las condiciones requeridas, era aceptado dentro de un círculo espiritual en el que participaría de su "energía, enseñanza y estructura" y que representaría para él el marco en el que recorrería la **Vía o Camino de crecimiento interior** para el que la escuela u orden en la que era aceptado, le ponía a disposición, una metodología, una enseñanza y unas prácticas de trabajo interno.

En cuanto al recorrido de la Vía o Camino, siendo varías las apariencias que ha adoptado a lo largo del tiempo y se reviste, según cada época histórica, bajo distintas formas, la realidad es que solo hay una Vía. Esa Vía es la de la *peregrinación* del alma en su anhelo de reencuentro con su Creador. La Vía puede ser descrita por medio de varios lenguajes simbólicos que, sin embargo, cuentan la misma historia. Dicho esto, para las gentes de la Vía, solo existía un libro llamado "libro mudo", *mutus liber,* y ese era, y es, el Libro de la Vida, lo que en Egipto se conocía como *ank* o lo "viviente".

Para esta obra he recurrido especialmente a un *mutus liber* perfectamente disimulado bajo la forma de un sencillo juego. Este es el de la **Oca** y muestra un mapa de las etapas del Camino con sus hitos, pruebas, etc. Esto estructura, ordena y da mayor sentido al Camino que ya cuenta con su riquísimo patrimonio simbólico en forma de vidas de santos, leyendas, construcciones, imágenes, etc. Por otro lado, he intentado mostrar al lector algunas "claves de lectura" del *buen saber*, término con el que se denominaba este conocimiento esotérico.

Dado el tamaño de este libro, me ha sido imposible reflejar en cada etapa las "lecturas" y la enseñanza que podemos encontrar en cada una de ellas. Si Dios quiere eso formará parte de una obra posterior. Sí lo he hecho de modo breve con las etapas que pertenecen a la **"Casa del grial"** y a las del **"Camino de resurrección"** —aclararé estos conceptos más adelante— o las que corresponden a las pruebas como la Posada, el Pozo, el Laberinto, etc. Al final, el objetivo es que pueda ser el propio lector el que, visitando un determinado lugar del Camino, sea capaz de "leer" por sí mismo esas claves.

Mapa de la Costa da Morte por donde discurre el "Camino de resurrección".

Premisas

Antes de iniciar el viaje

Estas páginas son, principalmente, una propuesta al lector para que haga el Camino de Santiago y, si ya lo ha hecho, para que lo pueda recorrer de nuevo con una mirada distinta. Sin embargo, esta propuesta de viaje es diferente, en fondo y forma, a la de la peregrinación habitual. En la actualidad, el viaje es muy distinto al de aquellos peregrinos antiguos que estaban expuestos a distintos riesgos y peligros. También, por necesidades de la vida de hoy, la peregrinación está condicionada por el tiempo del que se dispone, algo que no ocurría en el pasado. Si un viajero tiene un plazo para recorrer el Camino, es muy difícil que se recree y, mucho menos que se desvíe, para visitar un lugar que merece la pena conocer aunque se encuentre mínimamente alejado del Camino. De hecho, muchos ni siquiera se detienen en importantes lugares sagrados por el hecho de cumplir etapas ya programadas o para llegar a un albergue antes de que cierre. Y además está el cansancio, para unas piernas fatigadas y unos pies doloridos son más importantes el descanso que caminar solo media hora más y visitar el santuario de tal santo o de tal virgen. Incluso a veces, el viajero no coincide a su paso con el horario de apertura por tal o cual iglesia siendo lo más normal que siga su ruta. Esta propuesta precisa que el peregrino disponga de tiempo, bien en un viaje, o bien en varios, para recrearse y "vivir" las etapas del

Camino e, incluso, para poder desviarse de la ruta principal y realizar visitas imprescindibles a lugares cercanos o detenerse en otros desaparecidos que, en su momento, fueron enormemente importantes; valga el ejemplo del Hospital de la Condesa, del que hoy solo subsisten unas ruinas, o la ermita de la **Virgen de la Oca**.

En cuanto al fondo, nuestra propuesta está vinculada a la Vía iniciática y a un peregrinaje nacido de la necesidad espiritual.

El peregrinaje, al igual que la Vía Iniciática, requiere tiempo. Tiempo de comprensión, de reflexión, de plegaria, de absorción, de metabolización; tiempo para el fruto.

Actualmente recorren el Camino a Santiago hombres y mujeres de diferentes nacionalidades, edad y condición social, caminando o utilizando distintos medios de transporte, haciendo todo el Camino o solo algunas etapas, en cualquier época del año y, sobre todo, guiados por diferentes motivaciones: la devocional, la de encontrar soledad y silencio, búsqueda de expiación, promesas o como desafío deportivo… pero siempre todas poseen una enorme carga de experiencia vital.

Pero la motivación que guía esta obra es otra. Es la de recorrer la Vía desde la perspectiva sagrada y de naturaleza espiritual, la que, en su momento, se llamó iniciática. Y no lo olvidemos, esta perspectiva tiene una raíz religiosa vinculada sobre todo a la religión del antiguo Egipto y a los cultos místicos.

Brevemente podemos definir la Vía iniciática como aquella Vía espiritual no especulativa, **sino viviente**, que pretende el crecimiento espiritual en Dios y con Dios. Para ello toma como punto de partida el sentido de la trascendencia propio del recuerdo de la verdadera naturaleza original. Frente a uno mismo, la "necesidad de Dios" es el factor de activación.

Para ello, vamos a dar, de modo resumido, una serie de claves que pretenden ayudar a la comprensión de esta perspectiva. Se busca la transformación interior por lo que es **griálica**, es decir, sigue el proceso de la **purificación** y también **caballeresca**, pues persigue los ideales y virtudes del caballero. Por último, hemos de señalar que se trata de una Vía de **resurrección**, es decir, aspira a evitar la "segunda muerte" y alcanzar la inmortalidad en el seno del Uno Eterno. Sobre estos conceptos volveremos más adelante.

La Vía sacra, la Vía iniciática

Esta obra está construida, por una parte, a través de lo que nos dice la historia, y por otra, con aquello que nos ha legado el conocimiento esotérico. Repetimos que este conocimiento era transmitido oralmente y solo a aquellos que previamente lo habían solicitado y se habían hecho merecedores de recibirlo. De este modo, dicho conocimiento se tornaba necesariamente elitista, pues si pocos eran los que lo solicitaban, menos aun eran los que alcanzaban los méritos suficientes y tenían la paciencia necesaria para recibirlo. Este conocimiento fue llamado en la Edad Media *el buen saber.*

Asimismo, como en todas las religiones, pero especialmente en el cristianismo, por debajo de las corrientes ortodoxas y los postulados doctrinales triunfantes, siempre fluyeron corrientes heterodoxas, muchas de las cuales supieron sobrevivir al amparo de la discreción y a la sombra del poder establecido. De este modo vamos a "leer" el juego de la Oca como un *mutus liber,* como un código en clave relacionado con el Camino entendido como "Vía Iniciática" y, por tanto, provisto de sus propios pasos, etapas y obstáculos vistos a la luz de este *buen saber.*

El Camino de Santiago que se popularizó al abrigo de la ortodoxia y bajo el amparo de la iglesia católica proponía motivos diferentes para peregrinar: penitencias, cumplir votos y promesas, penados de la justicia civil o eclesiástica, solicitud de un milagro o una merced al apóstol, impulso espiritual, deseo de cambio o aventura… Otros, sin embargo, lo hacían para recorrer la Vía, es decir, "iniciarse", y para ellos el Camino, en cuanto Vía Iniciática, tenía otro significado y estaba regido por otros códigos. En esta Vía Sacra pervive el sentido clásico de la peregrinación, cuyo espíritu trascendente podemos encontrar entre los que emprendían el camino a Eleusis para participar en sus misterios, entre los que peregrinaban al templo de Abydos en Egipto, o entre los que acuden hoy a cumplir el *halal* a la Meca. De siempre, poner el pie en la Vía e iniciar el viaje implicaba también una partida interior que marcaba el alejamiento y separación de no solo del entorno vital, sino, sobre todo, el distanciarse de uno mismo, de las propias rutinas, creencias, ataduras y máscaras. Se trata de un viaje hacia el interior de uno mismo, tal y como sugiere el recorrido espiral del juego de la oca.

En estas páginas intentaré mostrar algunos de dichos códigos iniciáticos. He tratado de resumir y, a la vez, ser didáctico. Obviamente, muchas cosas quedan necesariamente sin explicar en aras del deseo de sintetizar, pero creo que muchos lectores encontrarán referencias útiles a la hora de poder acercarse a ese *buen saber* hoy tan maltratado por la ignorancia de un falso esoterismo situado en las antípodas del conocimiento tradicional.

Hubo y todavía hay peregrinos que recorren la Vía de la unión con Dios. Este libro está dedicado a estos últimos, a los del pasado, a los del presente y a los del futuro. Por último, resaltar un hecho evidente: el Camino de Santiago se enmarca en un contexto histórico medieval y tiene su **base en el cristianismo** siendo en esta religión donde debemos buscar sus claves.

Así que ligeros de equipaje, con el deseo de ser nutridos por la Gracia, provistos de humildad y coraje y bendecidos por el Bendito, iniciamos la Vía.

¡Ultreya!

Claves de lectura

Tradicionalmente se ha vinculado el Camino de Santiago, la Vía, con la Vía Láctea, con un camino celeste, un camino estelar. Un Camino que lleva a un "compuesto de estrellas" o Compostela, la ciudad cuyo escudo muestra una estrella encima de una tumba. *Foto 27.*

Mucho antes de que en el ideario popular se afianzase la relación cielo-masculino y tierra-femenino debida a los griegos, lo cierto es que durante milenios en Egipto esta relación fue al revés. La tierra se vinculaba con el dios Geb y el cielo con la diosa Nut, representada por una mujer gigantesca con un cuerpo decorado de estrellas. Esta representación femenina del cielo puede verse de modo especial en el maravilloso templo de Déndera, dedicado a la diosa vaca Hathor, la cual con su leche alimenta a todo lo creado. Sin dejar Egipto, es necesario recordar que todos los ritos iniciáticos fúnebres tenían el propósito de que el faraón y, por extensión todo ser humano, se **convirtiese en una estrella**, tal como la que hay en el escudo de Compostela encima de la tumba. El Camino de Santiago, al igual que estos ritos egipcios, es una Vía que procura transformar al ser humano en un ser celeste tras la muerte.

Los antiguos decían que toda luz, todo conocimiento y toda iniciación venían de Egipto y, efectivamente, todos estos saberes fueron transmitidos discretamente a través de los siglos y se perpetuaron en diferentes corrientes esotéricas y en algunas órdenes iniciáticas, por eso el *buen saber* podemos rastrearlo hasta el antiguo Egipto.

Si volvemos a la Vía Láctea, la mitología griega nos dice que esta se formó con la leche que manó de los pechos de la diosa Hera, esposa de Zeus. Esta Hera fue asimilada en Roma a Juno, también consorte del dios principal Júpiter. Formaba parte de la triada capitolina y era la diosa de los nacimientos. En su forma sedente era la *Regina,* y a ella estaban consagradas los gansos u ocas, animales que residían en los jardines del Templo Capitolino. Los egipcios identificaban a la oca con el dios Geb, y a su vez al Nilo con la Vía Láctea.

Pero independientemente de estos referentes, el Camino de Santiago está fuertemente ligado al conocimiento profundo y sagrado del cristianismo, encontrándose en sus enseñanzas sus pilares principales. Uno de ellos es el de la nutrición, mostrado en el misterio de la transubstanciación. La misa es la perpetuación del milagro de la nutrición sagrada en la que, de modo misterioso, el fiel se nutre de la divinidad del Cristo expresada en su carne y sangre. Los elementos mediadores del pan y el vino, cuando son ingeridos por el fiel durante el misterio del banquete, se convierten en la propia carne y sangre de este.

El fiel, como hijo de Dios, es nutrido por Él. Esa nutrición se debe a la Gracia, y es la Gracia la que hace "crecer en luz" y provoca el crecimiento espiritual. Esa Gracia proveniente del cielo es aportada por la Virgen. Sin la Gracia no hay creciménto espiritual.

Por tanto, el otro pilar sobre el que está construido el Camino es el del culto mariano y los misterios de María, especialmente el de su virginidad que, obviamente, no se debe rebajar al intento de entenderlo en términos físicos.

Es este el misterio más profundo pues en él se encuentra la clave del misterio del Cordero o de la inocencia, imprescindible para comenzar la Vía iniciática. El niño Jesús representa esa inocencia, una inocencia que nace de la pureza de María. Recordemos que el culto a María se populariza en el Medievo. Antes, la figura de la madre de Jesús había sido tratada por la teología pero la devoción a su figura era limitada. En la Vía, María está siempre presente en sus funciones de nutridora, mediadora y auxiliadora para el peregrino.

Dado que este libro muestra el itinerario a partir de un código, el juego de la Oca, conviene reparar en que las **14 ocas de la ruta**- incluida la última del "Jardín de la Oca" - corresponden a las **14 etapas del** *Via Crucis*. En cuanto al tiempo de viaje, este duraría, idealmente, un ciclo de **14 lunas** o 392 días que transcurrirían desde **Santa Cristina**, casilla 1, hasta **Camariñas**, casilla 63 del "jardín de la Oca".

El *Via Crucis* fue "popularizado" por san Francisco, un santo que perteneció a la tradición iniciática, que recorrió la ruta jacobea y que dejó memoria suya en ella. Por cierto, también son 14 las partes en las que fue despedazado Osiris, trozos que Isis tuvo que reunir para que pudiera resucitar y cuyos misterios aun se muestran en su templo de Abydos. Pero si la Vía de las 14 etapas es "Vía dolorosa", para el peregrino es principalmente Camino de resurrección.

Otro mito básico propio también del Medievo es el del **grial**, en el que, nuevamente, aunque de modo más sutil, se encuentra el misterio de la transubstanciación, pero esta vez aludiendo a la importancia del cáliz, entendiendo que **sin continente no hay contenido**. Dicho de otro modo, sin la presencia de la *forma* no desciende la *sustancia*. La Vía es, asimismo, un Camino griálico correctamente entendido en su función purificadora: para que la Gracia llegara a María y obrara en ella está debía ser pura.

Este es un pequeño resumen de las ideas principales que encontrará el lector en esta obra:

- El peregrino inicia un camino de salvación y redención. Solo al final encontrará la resurrección. Es, a su vez, el **Camino del grial** entendido este como un proceso de purificación del corazón.

- El Camino consta de 14 etapas al igual que el *Via Crucis* del Señor, al igual que los pedazos en los que fue dividido Osiris. Este número 14 corresponde a cada una de las dos fases lunares: los 14 días que van desde la luna llena a la nueva -fase de desmembramiento de Osiris-, y los 14 que van desde la luna nueva hasta la llena -fase de recomposición de Osiris por parte de Isis-. En términos temporales, el Camino constaba de 14 meses lunares.

- El Camino corresponde a las 14 fases de "composición". Es por tanto un camino de "completamiento". El hombre común está dividido. No se ve a sí mismo ni al mundo desde la unidad, sino desde la división. María, como Isis, es la que va a propiciar y facilitar ese completamiento; es, por tanto, un Camino mariano. María es también el ejemplo de pureza, que muestra, como el grial, que solo un recipiente puro puede contener la Gracia.

- El juego de la Oca es una guía en clave del Camino. Es un *mutus liber*. Aquí se hallan las 14 etapas en forma de las casillas de las ocas, incluida la última del Jardín de la Oca. También encontraremos en el Camino las pruebas presentes en el juego en forma de paradas y pasos: la posada, el pozo, el laberinto, la cárcel y la muerte así como los puentes y los dados.

- Además de el Camino Francés o Vía Sacra, existen los Caminos de:

  » **"Casa del grial"** y el **"Camino de la resurrección"**, también incluidos en el juego de la Oca.

- Durante el Camino, como en toda Vía iniciática verdadera, el peregrino deberá ser nutrido por la Gracia. La Gracia, nutricia y auxiliadora, es otorgada por la Señora. El ejemplo principal en el Camino es la Virgen de la Oca, una *virgo lactantes*.

  Foto 1.

- Esta nutrición es la clave del crecimiento espiritual, el fruto de ese crecimiento es el conocimiento conocido como el *buen saber*. Sin la presencia de la Gracia no hay iniciación.

Durante el Camino, el peregrino encuentra claves espirituales que debe comprender e identificar. Están principalmente representadas mediante códigos cristianos y las más importantes son:

- **Las Vírgenes emblemáticas y su mensaje**. Especialmente Nuestra Señora de la Oca, aunque hay otras muchas advocaciones de gran contenido simbólico como la del Manzano, la Encina, la Blanca… Con ellas el peregrino recuerda el misterio de la pureza en María y el de la Gracia nutricia.

- **Los santos y santas del Camino**. Entre ellos **los pontífices y constructores** como san Juan de Ortega y santo Domingo de la Calzada. En el recorrido, los constructores anónimos dejaron huella de su mensaje en las piedras de catedrales, iglesias y monasterios. Destacamos también a los **"decapitados"**. Algunos santos han sido troceados y separados de su cabeza al igual que san Juan Bautista. Se encuentra el peregrino ante el misterio "osiríaco", clave en el misterio de la resurrección. Solo previo completamiento se alcanza dicha resurrección, en la cual María deja a un lado su rol de madre para ejercer de esposa, es decir, Magdalena y desempeñar un papel similar al que representa Isis con su esposo Osiris. La cabeza representa la etapa 14, aquella que corresponde a la resurrección. Valgan como ejemplos de santos decapitados en el Camino santa Orosia o san Indalecio, cuyas vidas, en parte legendarias, nos proporcionan tantas claves.

Es necesario recordar que la cabeza de Osiris se conservaba en su templo de Abydos. Este culto mistérico también está presente en el episodio de la decapitación del Bautista. Los templarios fueron acusados de "adorar una cabeza" llamada baphomet, un término en el que nos encontramos las palabras egipcias ba —uno de los nueve cuerpos de luz—, el determinativo final femenino et, y los sonidos sagrados f —jeroglífico de la serpiente cornuda que representa la filiación— y m —jeroglífico del búho que representa la sabiduría. Hay también otros santos íntimamente ligados al Camino cuyas vidas y atributos simbólicos también esconden enseñanzas. Son ejemplos, además de los ya mencionados, santa Cristina, santa Eulalia, San Antón, san Jorge, los siete varones apostólicos, san Martín, san Julián…

» **San Roque**. San Roque, *Foto 29,* representa al propio peregrino y es su modelo; nos lo encontraremos durante todo el Camino. Este mismo santo aparece en el otro *mutus liber* medieval clásico del tarot en su lámina de *El Loco.* Ambos comparten el perro, la herida del muslo y su condición de peregrinos.

» **El grial**. Es la alegoría del corazón. Los egipcios lo llamaron *ib* y era uno de los nueve cuerpos de luz que constituían al ser humano. Lo representaron como una pequeña jarrita con asas y tapa. Es esta jarrita el atanor donde se produce la alquimia milagrosa de la eucaristía. Sin ese "instrumento" no es posible iniciar la obra, o sea, la Vía y, previamente, ha de ser purificado para ser un receptor válido de la Gracia. Desde esta perspectiva el Camino es, como ya hemos dicho, también una Vía de purificación.

La invitación

Este libro es, sobre todo, una invitación al lector para que haga el Camino. Le propongo a que comience la ruta en **Somport**, por donde se cruzaba los Pirineos en la antigüedad antes de que fuera elegido el paso más cómodo de Roncesvalles. Hasta Somport llegaba la Vía Tolosana, o Camino de Arlés, que seguía el trazado de una calzada romana. Pero, además del recorrido clásico por el Camino Francés, le propongo que antes de llegar a Jaca recorra una ruta previa que se llamaba el **"Camino por la Casa del grial"** y que describo al final. Asimismo, después de llegar a Santiago, le animo a que siga el llamado **"Camino de la resurrección"** que lo llevará hasta Muxía y Camariñas tal y como muestro también al final de estas páginas. Y si usted ya ha hecho el Camino, ojalá este libro le sea útil para hacerlo de nuevo bajo otra mirada y añadiendo estos dos recorridos que, según el *buen saber,* constituían parte fundamental del mismo, una parte que quedó guardada bajo el manto de la discreción y que cayó en el olvido.

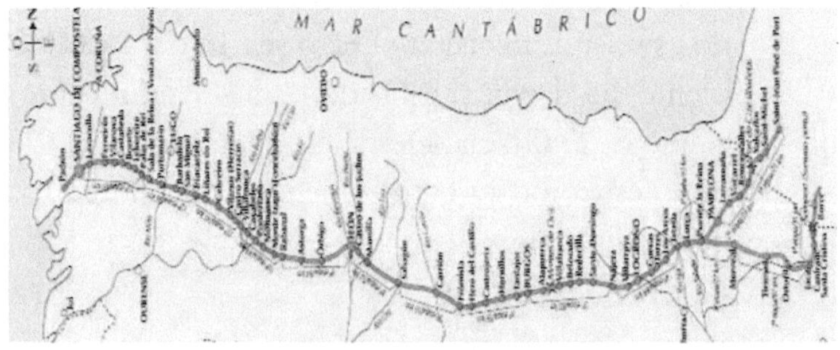

Mapa del Camino Francés.

A la luz de la historia y del mito

Camino de Santiago o Camino a Santiago

Siempre me ha parecido singular que el Camino se refiera al apóstol con la preposición "de" y no con la de "a", que parecería más adecuada, pues la frase "Camino a Santiago" sería más lógica. Sin embargo la frase con "de" inequívocamente señala que el Camino pertenece al apóstol y que es el Camino que él recorrió. La representación de Santiago como peregrino a su propia tumba es, cuanto menos, extraña.

Obviamente esto debe ser entendido en clave iniciática, pues el peregrino que aspiraba a progresar en la Vía tenía como "maestro" al santo apóstol: él es un iniciado que recorrió la Vía y por tanto la conoce y puede mostrar sus etapas, pruebas, requerimientos, etc. Su presencia física en tierras hispanas, como más adelante veremos, es una hipótesis que tiene muchos visos de realidad. La tradición iniciática nos dice que Santiago dejó aquí la herencia de su **linaje y conocimiento espiritual** a sus discípulos hispanos, los llamados "siete varones apostólicos". Pero, ¿estamos seguros de que nos estamos refiriendo a Santiago de Zebedeo?

¿De qué Santiago estamos hablando?

> *"Los discípulos preguntaron a Jesús: sabemos que te irás de nosotros, ¿quién será nuestro jefe? Jesús contestó: allí donde se encuentre debéis ir con Jacobo el Justo por quien los cielos y la tierra entraron en la existencia".*
>
> – *Evangelio de Tomás*

> *"Después de los apóstoles fue nombrado jefe de la iglesia en Jerusalén, Santiago hermano del Señor, llamado el Justo".*
>
> - Libro quinto de *Comentarios*, Hegesipo

> *"Después que pasaron tres años, subí a Jerusalén para ver a Pedro y estuve con él quince días, pero no vi a otros apóstoles, salvo a Jacobo, el hermano del Señor".*
>
> – *1:18-19*, San Pablo en *Gálatass*

Hay muchos más testimonios, incluidos los Evangelios, los que dan fe de la existencia de un hermano de Jesús llamado Jacobo-Santiago, que no es Santiago Zebedeo o el Mayor. La Iglesia identifica hoy a este **Santiago el Justo** con Santiago el Menor y le atribuye ser hijo de Alfeo y María Cleofás. El dogma de la perpetua virginidad de María -antes, durante y después- hizo problemática y molesta la existencia de este hermano que recibe del mismo Jesús la tarea de liderar la comunidad cristiana.

Desde la perspectiva cristiana esotérica, este Santiago el Justo es el que heredó la "Gracia" de su hermano y su legado espiritual que, a su vez, conformó un linaje esotérico. Dado que según las enseñanzas del cristianismo gnóstico Jesús "no murió", primero se transfiguró en luz y luego trascendió como "viviente", era evidente que algunos cristianos solo concibieran peregrinar a la tumba de su sucesor, ya que Cristo "seguía vivo". Una tumba que guardaba todo un tesoro de Gracia y de conocimiento. Y dado que Santiago el Justo, hermano de Jesús, no "debía" de existir, hubo que cambiar de Santiago. De este modo se le empezó a confundir con Santiago Zebedeo, que se convirtió así en el protagonista de la Leyenda Dorada.

Esta singular situación podremos observarla al llegar al Pórtico de la Gloria. Allí veremos en el parteluz la figura de Santiago entronizado y, muy cerca, en las jambas de la derecha, podemos observarlo de nuevo junto a su hermano Juan. ¿Son la misma persona que el escultor ha repetido o son dos personajes diferentes? En la cercana Noia, en el magnífico pórtico de la iglesia de San Martín, en las jambas de la izquierda, nos volvemos a encontrar con lo mismo: dos Santiagos uno encima de otro. El de arriba lleva báculo de "maestro" en forma de *tau* y está "señalado" con respectivas conchas tanto en el sombrero como en el báculo; el de abajo lleva bastón de peregrino y también tiene una concha en el sombrero. Creo evidente que quienes sabían de la existencia de este "otro" Santiago, lo identificaron bien diferenciándolo del Santiago Zebedeo, el hermano de Juan, que fue decapitado en Jerusalén.

La Leyenda Dorada de la tumba del apóstol

Fue sobre el 830 cuando se extendió la noticia de que en un lugar de la lejana Galicia se podían ver "luces ardientes" en la oscuridad de la noche y que lo visitaban los ángeles. El descubrimiento se debió a un monje llamado Pelagio o Paio, según las crónicas un "decidor de misa". De este hecho, se pasó a considerar que todos esos prodigios señalaban el enterramiento de alguien muy importante: concretamente del apóstol Santiago. Hoy se cree que en el lugar, el bosque sagrado de Libredón, debió encontrarse un sepulcro romano de mármol, la después llamada *arca marmorica*. El cómo este modesto hecho derivó en el milagroso descubrimiento de la tumba del apóstol Santiago, es todavía un enigma, aunque el Beato de Liébana en sus *Comentarios al Apocalipsis* del siglo VIII ya contaba que Santiago anduvo predicando en Hispania y aquí también ya aparece como un *miles Christi,* un guerrero que lucha contra los enemigos de Dios. Así, Teodomiro, obispo de Iria Flavia, a cuya diócesis pertenecía el lugar del hallazgo, comunicó la buena nueva al rey asturiano Alfonso II, llamado El Casto (760-842), que dio credibilidad al descubrimiento de la tumba del apóstol.

Bien es cierto que también en un texto del siglo VII, el *Breviarium Apostolorum,* se afirma que Santiago predicó en España, pero estos datos, junto a ciertas tradiciones orales, parecen ser elementos insuficientes para sustentar todo lo que vino después. Alfonso II, a su vez, comunicó el hallazgo a Roma e inició él mismo la peregrinación al sepulcro en donde mandó construir un pequeño templo prerrománico anejo. Del mismo modo se atribuye, aunque con escaso fundamento, al papa León, con pontificado entre el 795 y 816, una carta en la que dice: " Y sepan que el cuerpo del apóstol Santiago fue llevado entero a España a la tierra de Galicia".

El sucesor de Alfonso II, Ramiro I, promulga el *Voto a Santiago* después de la victoria cristiana en la batalla de Clavijo, para muchos historiadores inexistente, pues supuestamente el apóstol se apareció como caballero armado montado en un caballo blanco para intervenir decisivamente en la lucha contra los moros. De aquí nace un nuevo alimento para el crecimiento del mito y es el origen de la figura de "Santiago Matamoros".

Sobre el 850 hay constancia de peregrinaciones a la tumba del apóstol y la noticia ya se ha difundido por toda Europa.

En el 899, Alfonso III sustituye la primitiva iglesia por una basílica de tres naves. En 950 ya hay crónicas de llegada de peregrinos franceses y en 997 Almanzor arrasa Santiago aunque, sorprendentemente, respeta el sepulcro.

Todos estos hechos provocan la necesidad de consolidar la leyenda.

La leyenda continúa

Las crónicas debían argumentar la presencia de la tumba de Santiago en España cuando la tradición y la historia lo hacían morir en Jerusalén más o menos sobre el año 44. A partir de aquí, la leyenda nos habla de la *traslatio* del cadáver del apóstol a Hispania, donde él había estado evangelizando en vida junto a algunos discípulos. Es fundamental en la leyenda el encuentro que tuvo lugar en **Muxía** entre el apóstol y la Virgen María cuando él estaba desanimado ante el poco éxito que tenía su prédica entre aquellos paganos. La Virgen llegó ante él navegando en una barca de piedra, lo animó y le dijo que volviera a Jerusalén, donde, a la postre, sería ejecutado. Una vez muerto por decapitación, su cuerpo fue recogido y puesto en una barca. Los restos del santo, acompañado de siete discípulos en algunas crónicas, de solo dos en otras, habrían llegado milagrosamente a Padrón *manu Dei gobernante* y, de ahí, después de numerosas vicisitudes, fue llevado a enterrar al lugar donde siglos después lo encontraría milagrosamente el monje Pelagio. Son muchos los hechos legendarios acaecidos después del arribo a tierras gallegas, como la derrota de un dragón en una cueva del Pico Sacro, o el amansamiento de unos toros que llevarían el cuerpo del santo hasta su definitiva sepultura. Aprovecho estos relatos para recomendar efusivamente al peregrino que visite el **Pico Sacro**, un lugar cargado de una sacralidad antigua y viva. También recomiendo la visita a la encantadora iglesia románica de **Cereixo** al lado de Ponte de Porto y muy cerca de Muxía. Allí el peregrino, además de encontrarse con un impresionante roble sacralizado desde antiguo, hallará en un tímpano la primera representación en piedra de esa *traslatio* a la que volveremos más adelante. *Foto 21.*

Pasado el tiempo, el convencimiento popular de la presencia del apóstol en Hispania fue tal que, en la letra del famoso *Canto de Ultreya* (siglo XIII), convertido en el himno del peregrino fuese cual fuese su nacionalidad, decía en su primera estrofa:

> *Dum Pater familias Rex Universorum donaret provincias jus Apostolorum Jacobus Hispanias lux illustrat forum. Primus ex apostolis martir Jerosomilis...*
>
> "Cuando el Padre de familia (Dios Padre) Rey del Universo repartió las provincias entre los apóstoles eligió a Santiago para ilustrar a Hispania. Primero entre los apóstoles fue mártir en Jerusalén…"

Después de Almanzor y el *Codex*

Es después del saqueo de Almanzor en 997 cuando se alcanza a ver la verdadera dimensión y fuerza de la peregrinación a la tumba de Santiago. Lejos del miedo, Santiago recibe nuevos impulsos que dinamizarán las peregrinaciones de un modo ya imparable. Podemos referir tres hitos.

- En 1075 el obispo Peláez inicia las obras de la catedral románica impulsada después por el arzobispo Gelmírez para acoger al cada vez más creciente número de peregrinos.

- Aparece a mediados del siglo XII el manuscrito *Codex Calixtinus* debido al monje francés Aymeric Picaud y vinculado al papa Calixto II que, supuestamente, redacta como introducción al códice una carta. Sobre este papa conviene recordar algunos hechos de interés; antes de ser papa fue abad de Cluny y era hermano de Raimundo de Borgoña, conde de Galicia por matrimonio con doña Urraca, hija de Alfonso VI. Para cerrar el círculo, a su vez, el mencionado arzobispo Gelmírez fue canciller de Raimundo antes de alcanzar la mitra.

- En 1095 el papa Urbano II concede a Compostela el título de sede Apostólica y en 1122 Calixto II proclama el Año Santo Compostelano cuando la fecha del santo del 25 de julio coincida en domingo, esta fiesta se celebrará por primera vez en 1126.

Estos tres personajes, el **Rey Alfonso**, el **arzobispo Gelmírez** y el **papa Calixto II**, son citados por Aymeric en el capítulo V del *Codex* como los "constructores del Camino".

Y llegó Cluny

Es imposible entender la historia medieval de Europa -diría que incluso la actual- sin comprender adecuadamente lo que significó la orden de Cluny. Valga el dato de que en el siglo XII más de dos mil prioratos, incluidos los monasterios más grandes de la época, estaban bajo la autoridad del abad de Cluny. El Camino de Santiago actual no se puede entender sin la presencia de esta orden.

En el 1071, el rey aragonés Sancho Ramírez cede el monasterio de San Juan de la Peña, lugar clave en el mito del grial, a la orden de Cluny para que se encargue de su reforma. Esa reforma lleva aparejada también el cambio litúrgico del rito mozárabe hispánico al rito romano.

Alfonso VI, en 1073, donó a Cluny el monasterio de San Isidro de Dueñas, que fue el primer priorato de esta orden en el reino de León. A partir de aquí, la presencia de los cluniacenses en el reino leonés se hizo patente e influyente de tal modo que los reyes leoneses cambiaron también la antigua liturgia hispana mozárabe por la liturgia cluniacense gregoriana. Lugares emblemáticos del Camino por aquellas tierras como Nájera, Carrión, Sahagún o Villafranca, vieron y vivieron la presencia de la poderosa orden monástica.

Poco a poco, la presencia de Cluny en España se hizo muy importante. Cluny asumió la "cristianización" de Europa llevando a cabo la reforma gregoriana romana. Para ello, apoyó y difundió el románico, llevo a cabo una importante labor social con la construcción de puentes, abadías y hospitales, pero, sobre todo, impulsa y se encarga de la difusión del Camino de Santiago.

El Camino Francés, tal y como hoy lo conocemos es obra de Cluny.

El milenario

En 1033, milenario de la muerte y resurrección de Jesucristo, los peregrinos no pueden acudir a Jerusalén, que está en manos musulmanas; aún no ha comenzado la primera cruzada. Por otro lado, Roma y su pontífice no son precisamente un ejemplo de piedad ni de conducta cristianas. Para entenderlo, en esas fechas ha sido elegido papa Benedicto IX, un joven que no llega a los 20 años, después de que su padre, el conde Alberico III y verdadero dueño de Roma, haya sobornado a la curia para poner a su hijo en el trono de Pedro. Este papa, años después, decidido a casarse, vendió su papado por 1500 libras de oro al que accedería al pontificado con el nombre de Gregorio VI. La corrupción de Roma no merece una peregrinación.

Vista esta situación, parecía necesario ofrecer a los cristianos una alternativa de peregrinaje. Si desde tiempos inmemoriales los paganos habían caminado hacia Occidente y, además, allí había aparecido la tumba del apóstol Santiago y ya se empezaba a peregrinar hasta ese remoto rincón, era consecuente impulsar aquella ruta otorgándola un contenido cristiano adaptado a los nuevos tiempos y dotándola de una infraestructura que facilitase el acceso a aquellas tierras agrestes y peligrosas. A esta iniciativa se sumaron las órdenes militares; hospitalarios, antonianos, templarios, caballeros del Santo Sepulcro o de Santiago, entre otros, se repartieron a lo largo del Camino para ofrecer protección y ayuda; del mismo modo, las órdenes monásticas procuraban que el fiel pudiera ser asistido física y espiritualmente en monasterios, albergues y hospitales; por último "los compañeros del deber", aquellas cofradías de constructores o masones, se aplicaron en la edificación de monumentos de diversa índole, desde sencillas ermitas románicas hasta el maravilloso gótico de la *pulcra leonina,* pasando por puentes y caminos que salvaban las dificultades de paso y permitían un peregrinar menos peligroso. He mencionado la existencia de un "pre camino", pues hay muchas evidencias de que antes de su cristianización esta ruta fue recorrida desde tiempos inmemoriales para visitar el lugar donde el sol "moría". Sirvan de ejemplo el *ara solis* que los romanos levantaron en el cabo Touriñán, el punto más occidental de la península o las vieiras de fábrica romana encontradas en la Costa da Morte .

El papa que fue abad de Cluny, el *Liber Sancti Iacobi* y Aymeric Picaud

Pero debemos volver al *Codex Calixtinus,* ya que fue el texto que, difundido por Europa, se convirtió en la guía de referencia que definía una ruta precisa que conocemos hoy como Camino Francés.

El nombre original de la obra es el de *Liber Sancti Iacobi.* Consta, además de la carta apócrifa de entrada de Calixto II, de cinco libros y dos apéndices; en el segundo está incluido el famoso himno del peregrino: el *Canto de Ultreya.*

El libro V es la *Guía del peregrino* y está dividida en once capítulos. Su autoría se debe a Aymeric Picaud, un monje que describe su propio peregrinaje. Sin embargo, este peregrino francés, en el capítulo II, titulado *Las jornadas del Camino del Apóstol* dice: "Desde Somport a Puente la Reina hay tres etapas cortas. Por otro lado, de Port de Cizé hasta Santiago hay 13 etapas." A continuación, describe las etapas y en dos de ellas apunta "lógicamente a caballo", con lo que queda patente que las demás deben recorrerse andando. Las etapas de Aymeric son irrealizables a pie.

Todos los historiadores están de acuerdo en que en realidad esas etapas descritas por el francés no corresponden a etapas que sirvan al peregrino para organizar su viaje, sino que de algún modo señalan unos hitos. Valgan el ejemplo de la cuarta etapa de Estella a Nájera de 69 km, o la quinta de Nájera a Burgos de 85 km, ambas a caballo según Aymeric, pero la de Sahagún a Léon de 52 km o la treceava de Palas do Rey a Santiago de 63 km son a pie.

Desde mi punto de vista, estas 13 largas etapas de Aymeric, irrealizables en 13 jornadas, las basó en las 13 ocas o tramos tradicionales, aunque es obvio que él siguió el Camino devocional común al margen del Camino iniciático y por eso dejó sin mencionar la 14ª, la llamada el Jardín de la Oca de la casilla 63.

No es concebible la idea de que en aquella época un peregrino recorriera el Camino en 13 días, por lo que se desprende claramente que se refería a etapas que adquirían otro significado simbólico.

Asimismo nos dice que "Tres son particularmente las columnas, de extraordinaria utilidad, que el Señor estableció en este mundo para sostenimiento de sus pobres, a saber, el hospital de Jerusalén, el hospital de Mont Joux y el hospital de Santa Cristina, en el Somport... se trata de lugares santos, templos de Dios...".

Esta mención a Santa Cristina es muy relevante como veremos más adelante, pues corresponde a la casilla 1 del juego de la Oca de nuestro recorrido.

La concha y el viejo camino al Occidente

Ya en el libro III del Codex, Picaud dedica un capítulo a las conchas del peregrino. Siendo hoy el emblema del Camino, sin embargo es un símbolo muy antiguo. Valgan las vieras romanas mencionadas halladas en la Costa da Morte o, sobre todo, la viera de la foto que pertenece a la Tercera Dinastía egipcia hallada en el complejo funerario de Sekhemkhet. *Foto 4.*

Cuando los peregrinos llegaban al mar, luego veremos el Camino de la resurrección entre Compostela y Muxía-Camariñas, alcanzaban el "límite entre los dos mundos". El mundo de los vivos de la tierra y el mundo de los muertos representado por el mar. Recordemos que en muchos cultos de la antigüedad la muerte significaba un viaje en el que se cruzaban unas aguas. La concha representa que se ha alcanzado ese mundo de los muertos y se ha regresado; se ha resucitado. La concha recuerda que el peregrino ha estado en ese límite, que lo conoce y lo ha traspasado. La concha nos habla también del bautismo necesario para que nazca el "nuevo hombre" en el que se ha de convertir el peregrino que ha culminado el Camino. *Foto 3.*

Si el bautismo del niño representa el ingreso del infante en la comunidad cristiana y su llegada al mundo, el otro bautismo, el del Espíritu Santo, muestra el ingreso en la comunidad de los iniciados. Esa concha era recogida del mar por el propio peregrino. La que iba cosida al gorro o vestidos en el viaje de ida, solo indicaba que iba a buscarla y de este modo se hizo el símbolo universal del peregrinaje compostelano.

El peregrino solo accedía a la concha real cuando había finalizado su ruta, siendo esta el testimonio y la prueba. Es evidente que el mero símbolo de la concha explica claramente que la Vía terminaba en un lugar con mar y no en Compostela.

Es por este motivo que también muchas imágenes de Santiago peregrino, especialmente en Galicia, llevan las dos conchas en la esclavina que muestran que el Peregrino ha hecho el Camino y que "ya está de vuelta", ha completado su viaje y ha conquistado la segunda concha llegando al mar. Las dos conchas también las encontraremos unidas junto a una palmera, símbolo de resurrección, en el escudo en piedra de **Moraime**, al lado de Muxía, al final del Camino. *Foto 28.*

Antes del siglo IX y antes de la cristianización de Hispania, desde tiempos remotos, distintos pueblos peregrinaron a una tierra brumosa e incógnita en la cual se podía ver morir al sol. A su vez, esa muerte era la promesa de resurrección cuando el astro rey volvía a asomar al amanecer por Oriente. Ese lugar concreto es el litoral de la Costa da Morte: el lugar donde Santiago y María se encuentran. Si hoy consultamos los libros de historia nos dirán que esta costa se conoce con dicho nombre debido a los numerosos naufragios que en ella se producen motivados por la bravura de la mar y lo accidentado de sus costas, sin embargo, no es difícil darse cuenta que el nombre de Costa da Morte adquiere otro significado más profundo para el peregrino.

Es importante comprender de qué modo esta peregrinación pre-cristiana a la tierra de los muertos, tuvo una impronta profunda en el ideario europeo durante siglos. Sin este dato es inexplicable que países como Francia, Alemania o Inglaterra, con sus propios lugares míticos y sagrados y, sobre todo, más fácilmente "patrocinables" y accesibles que la lejana y brumosa Galicia, reconocieran de la noche a la mañana este lugar como el enclave cristiano de peregrinación por antonomasia y que fuese Cluny, la orden francesa que "vertebro" Europa en torno a una concepción unificada del cristianismo occidental, la que tomó sobre sí la "construcción" del que hoy aun llamamos Camino Francés. Obviamente debían ser muy poderosos los motivos para la elección de este lugar. El primero el de ser un lugar sagrado de peregrinación desde tiempos inmemoriales; el segundo la tradición oral de la peregrinación y "vivificación" de ese Camino por Santiago el Justo, heredero del linaje espiritual cristiano que lo recorrió y dejó en él su memoria.

Un poco de historia del peregrinaje

Como bien nos dice la historia, el apóstol Santiago fue decapitado por orden de Herodes Agripa sobre el año 44 o 45 . La leyenda nos cuenta la *traslatio* en la que dos discípulos, Atanasio, en griego "el inmortal" y Teodoro, en griego "el regalo de Dios", lo sacaron del puerto de Jaffa en Tierra Santa y llegaron navegando con el cadáver hasta el de Iria Flavia, ahora Padrón, donde amarraron la barca en la famosa piedra que se conoce como el "pedrón". Una vez convenientemente enterrado, siglos después ya podría ser descubierta la sepultura en la que, por cierto, también fueron enterrados los dos discípulos. Como ya hemos dicho, "el decidor de misas" que ve las luces nocturnas avisa al rey Alfonso el Casto y este y el obispo Teodomiro dan el visto bueno a las visiones del anacoreta Paio y la noticia llega en breve al poderoso Carlomagno y se extiende por Europa; estamos en el siglo IX. Pronto empiezan las peregrinaciones, hay crónicas de la visita en el 950 del obispo francés Gotescaldo, el cual narra su visita a la comunidad que rige. También viaja en peregrinación en el 960 el obispo catalán Cesáreo, pero es el viaje de peregrino de Guillermo de Aquitania (969-1030), que prefiere este destino al de Roma, el que da un impulso enorme a las peregrinaciones compostelanas. También hay crónicas de peregrinos que viajan desde Alemania en 1072.

Sin embargo, fue el obispo Diego Gelmírez, un político de primer nivel, el que manda redactar *La Historia Compostelana* para dar consistencia al mito, eso, y sus extraordinarias artes diplomáticas, ponen a Santiago en el foco del fervor popular. Su gran éxito diplomático fue lograr del Papa Calixto II, el del *Codex*, que nombre metrópoli a la iglesia de Compostela en detrimento de Mérida, que lo era hasta entonces. Es ya por esta época cuando se afianza el "Camino francés" como la ruta de peregrinaje que hoy es. Los siglos XII y XIII ven como las peregrinaciones aumentan y se va dotando al Camino de unas infraestructuras básicas de hospitales y albergues además del apoyo que ofrecen los cenobios situados en la ruta. Se sabe que la hija del rey Enrique I de Inglaterra peregrina en 1125, que en 1137 Guillermo X de Aquitania llega a Compostela y que en 1154 es el propio Rey de Francia el que peregrina.

Es en 1211 cuando Alfonso IX de León asiste a la misa solemne de consagración de la catedral compostelana. Desde 1179, quien llegue a Compostela en año santo recibe la Indulgencia Plenaria. Poco antes, en 1170, se funda la Orden de Santiago con el fin de proteger, defender y ayudar a los peregrinos. Pero es el siglo XIV el que ve como el Camino recibe ya cantidades enormes de peregrinos procedentes de toda Europa, el peligro musulmán de los siglos anteriores, es ahora menor, y la ruta está bien abastecida y asegurada con estructuras más eficaces que garantizan un viaje bastante seguro. Las órdenes monaco-militares dan también protección y cobijo a los viajeros. Por cierto, es en una de las ciudades del Camino, en Nájera, donde se funda en 1040 la primera orden mónaco-militar de Europa, la **Orden de la Terraza** en honor a santa María la Real y cuyo símbolo es una jarra (terraza en castellano viejo) con azucenas; este es el segundo grial de la ruta, como veremos más adelante. En términos espirituales e iniciáticos, la peregrinación de san Francisco de Asís deja su huella que aún perdura en **Rocaforte**, así como en la leyenda del carbonero Cotolai en Santiago, lo cual da también un enorme impulso a la peregrinación compostelana.

El siglo XV ve como la peregrinación crece y es Isabel la Católica la que en 1482 visita la tumba del apóstol entre otros muchos personajes históricos y notables de la época. Sin embargo, el siglo XVI ve el nacimiento de la Reforma que incide de modo importante en el declive del fervor jacobeo. No es esta la única causa, las otras son el ciego celo de la Inquisición española, la falta de interés en el Camino de la Corona Española más preocupada en otros menesteres y, el aumento de bandoleros y pícaros las que hacen más difícil el peregrinaje. En el siglo XVIII, los peregrinos a Santiago prácticamente han desaparecido.

El triunfo del pensamiento positivista y liberal, las ideas de la Ilustración y el racionalismo, más los cambios sociales aparejados, parecen ser los elementos que faltaban para dar el golpe de Gracia a las peregrinaciones compostelanas, sin embargo… a finales del siglo XIX los peregrinos, si bien son muy pocos, no han desaparecido del todo. El entorno no es el mejor para la Iglesia, en el plano político y social España vive en pocos años la disputa entre absolutistas y liberales, el problema sucesorio, Guerras Carlistas, la Desamortización de Mendizábal, alzamientos militares… el escenario no parece el más propicio para pensar en peregrinaciones hacia un lugar donde no hay ya ningún apóstol enterrado y que cuya visita a una tumba inexistente solo se explica por la superstición y la ignorancia.

Pero en Santiago, el cardenal Payá encarga en 1879 excavar en el altar central a unos arqueólogos a la busca del sepulcro, lo cual desemboca en un fracaso, pues, efectivamente, bajo el suelo del altar aparecen tres tumbas pero vacías. Pero había una tradición popular que aseguraba que el apóstol no estaba allí sino en el ábside, esta tradición coincidía con otra en la que los sacerdotes, después de las ceremonias, se dirigían la ábside y allí cantaban unas antifonías. Los arqueólogos vieron en el techo una urna pintada y decidieron cavar en la parte del suelo que coincidía bajo la urna. Allí sí encontraron bajo unas losas de mármol un osario con huesos pertenecientes a tres varones. La conclusión fue clara: correspondían al apóstol y a sus dos discípulos y concordaba con lo que decía la leyenda *sub arcis marmoricis*.

No es claro si este descubrimiento, a todas luces insuficiente frente a la historia, tuvo algo que ver en el resurgir de las peregrinación, pero lo cierto es que así fue. Una bula de León XIII da fe de cara a los católicos de la autenticidad de los restos y recomienda a los fieles que emprendan la peregrinación. La situación política previa a la Guerra Civil, la propia contienda y la posguerra, dejaron nuevamente la ruta vacía, sin embargo en los años setenta y ochenta el número de peregrinos aumenta sin parar hasta alcanzar la actualidad en la que, literalmente, recorren el Camino miles de peregrinos provenientes de todos los países.

En clave cristiana

La tradición afirma que Santiago el llamado el Justo, hermano y sucesor de Jesús al frente de la comunidad "viviente" de cristianos, estuvo en España y aquí dejó su legado y linaje espiritual en los llamados "siete varones apostólicos". Como veremos, si el grial es la metáfora y símbolo del corazón espiritual, es también el testigo de un linaje espiritual que, sorprendentemente, se ha querido confundir con el linaje físico de una posible descendencia de Jesús. Ese linaje espiritual dejó memoria, herencia e impronta en distintos lugares del Camino. Santiago el Justo llega a Hispania con dos fieles y, aquí "siete varones" se le unen también como discípulos creando una comunidad. El principal de ellos era san Indalecio.

Los santos del Camino y sus vidas legendarias son una clave de interpretación simbólica. Veamos el ejemplo de santa Cristina en clave de *buen saber*. Cristina significa cristiana y su festividad es el 24 de julio, un día antes de la festividad de Santiago. Sufrió martirio; la cortaron los pechos y la lengua, pero a pesar de ello, de sus heridas en los senos manaron leche en vez de sangre y siguió predicando sin lengua. A santa Cristina nos la encontramos en la casilla 1 de la Vía y lo primero que nos muestra es que el código es cristiano; en segundo lugar muestra como la Vía es nutricia y concede al peregrino la posibilidad de alimentarse de la Gracia que mana como leche de los pechos, no físicos, de la santa; por último nos enseña que la prédica de la santa tampoco precisa de la palabra. El conocimiento más importante se transmite sin palabras, de ello se desprende la importancia de los *mutus liber*, sabiendo que el principal es el "libro de la Vida". El peregrino entiende que podrá acceder al conocimiento que no necesita de palabras y que ese es el lenguaje de la Vía.

Las vidas de otros santos muy presentes en el Camino como santa Orosia, san Julián y santa Basilisa, san Martín de Tours, santo Domingo de la Calzada, san Juan de Ortega o la de san Indalecio y los siete varones apostólicos nos aportan valiosas claves en términos del *buen saber*. Este relato de los siete discípulos que acompañaban al apóstol en su evangelización de Hispania está muy asentado en el patrimonio legendario de la ruta jacobea. Se dice que tales varones eran aragoneses y, lo veremos más adelante, están vinculados al mito jacobeo de modo profundo como puede observarse en el tímpano de la modesta iglesia de **San Andrés de Cereixo** que muestra la *traslatio*. En este singular tímpano se ve la barca con el cadáver y, a su lado, siete personajes. Luego veremos a los siete de nuevo en el pórtico de **San Julián de Moraime** en Muxía y, sobre todo, en el tímpano de la puerta de lo que fue el acceso a la iglesia, en el que se ve a los siete personajes señalando con el dedo a un niño. **Esta escena del *nenu* es fundamental** para la comprensión del significado de la ruta y lo veremos más adelante. Volviendo a la puerta central, el personaje principal lleva un báculo y tiara. Este personaje es san Indalecio, que fue obispo y, el resto de varones, los discípulos. San Indalecio también fue decapitado y, muy cerca de la ermita de Nuestra Señora de la Oca, se encuentra el pozo del agua que manó en el lugar donde cayó su cabeza. Donde santa Orosia fue decapitada también se encuentra una fuente que visitaremos en la casilla 3. Además de Indalecio, los varones se llamaban según la tradición: Hisicio, Tesifón, Eufrasio, Torcuato, Cecilio y Segundo. Vale recordar que los restos de san Indalecio, "heredero" de Santiago, fueron buscados por los fundadores de San Juan de Peña y actualmente están en una de las tres arquetas funerarias de la catedral de Jaca. Otra arqueta pertenece a las reliquias de santa Orosia y en la tercera reposan los restos de los santos Félix y Voto, los fundadores de San Juan de la Peña, en cuyo monasterio estuvieron estas arcas hasta fechas recientes.

Hay que recordar que en Santiago de Compostela, también el enterramiento es triple, como en Jaca, pues el apóstol fue sepultado junto a san Teodoro y san Atanasio. Y por último tenemos a san Jorge. Dentro de la tradición esotérica san Jorge es un santo fundamental, ya que representa al "Maestro de Maestros" además de ser el patrón de la caballería. En las otras religiones del Libro también está presente esta figura que en el judaísmo es Elías y en el islam es Al Kider. No lo vamos a encontrar a menudo en el Camino pero, de modo sorprendente, lo vamos a hallar muy al final, allí donde el Camino culmina, en Camariñas, solo ahí, al final, el que ha completado el recorrido y ha alcanzado el estado de maestro, se encuentra con el "Maestro de Maestros" en la figura de san Jorge que, como sabemos, es el que combate perennemente al dragón para liberar a la doncella; es decir, es el guardián de la inocencia, una inocencia que en el cristianismo toma forma simbólica bajo la forma del Cordero. En San Julián de Moraime, en la cara interior del tímpano mencionado de los "siete" que están señalando al *nenu,* nos vamos a encontrar un formidable Cordero Triunfante.

San Roque y una fecha: 16 de agosto

Vamos a tomar el ejemplo de este santo que es el que más está presente a lo largo de la ruta y que es una imagen modélica del propio peregrino.

Hay muchas hipótesis sobre su fecha de nacimiento, pero hay unanimidad a la hora de considerar Montpellier como su ciudad natal. Según la crónica católica fue peregrino a Roma y sanaba enfermos de peste. Él mismo se contagió y un perro le llevaba diariamente el pan o, según otras versiones, el perro lo sanó lamiendo su herida del muslo. Se afirma que perteneció a la orden franciscana como seglar y tampoco hay unanimidad ni sobre donde murió ni en qué fecha lo hizo. Bien sabemos que su culto es bastante posterior a la época del desarrollo del Camino, por lo que, como otros tantos santos, su imagen, biografía y características se adaptan para mostrar un modelo que el peregrino pueda tener como referencia simbólica.

Utilizando la lectura del *buen saber* más querida y cercana a aquellos que recorrían la Vía, el perro es, sin duda, la estrella Sirio, tradicionalmente relacionada al can. De hecho se halla ubicada en la constelación del Perro. Este perro es tanto un *psicopompo* como la representación de la Señora. Esto se explica con el vínculo milenario de la gran diosa Isis con la estrella Sirio y no olvidemos que la Virgen María medieval es, incluso iconográficamente hablando, una reactualización de la gran dama egipcia. Asimismo, ese perro lo alimenta con un pan como símbolo del alimento espiritual celeste, la Gracia, que lo acompañará en su ruta.

La herida del santo en el muslo nos lleva al episodio de la lucha de Jacob con el ángel hasta que logra su bendición y le cambia de nombre al de Israel. Es decir, el peregrino lleva la guía de la Señora-Sirio y, por otro, ha sido ya bendecido por el ángel tal y como lo demuestra su herida. El cambio de nombre alude a la nueva vida "a la que nace".

Sea como fuere, lo cierto es que san Roque es, sin lugar a dudas, el santo patrón de los peregrinos y durante toda la ruta estará presente acompañándolo.

Su festividad es el **16 de agosto** y esta era la fecha en la que los peregrinos, bajo el patronazgo de **san Roque**, partían desde **Jaca**. Al final del Camino, allá en la Costa da Morte, el peregrino también encontrará a este santo en esas mismas fechas a su llegada. En el pórtico de la catedral de Jaca, debajo del crismón en el que nos detendremos más adelante, se aprecia la iconografía en piedra de varias constelaciones: Draco, Ofiuco, la Osa mayor, etc; estas constelaciones son las que, en esa fecha, pueden observarse si se mira en dirección al oeste, hacia Santiago. A su vez, el crismón está en medio de dos leones, o sea, en medio del signo de Leo: todo nos confirma la fecha del 16 de agosto.

Sobre el grial

Pero si hay un mito vinculado al cristianismo y al Medievo es el del grial. El "alimentarse" de la Gracia lleva implícito un proceso que comienza con la necesidad de disponer de un recipiente capaz de contenerla. Esta Gracia es accesible para todos, pero por la propia naturaleza espiritual de esa Gracia, si no se incorpora siguiendo las condiciones justas que requiere, no se integra ni incorpora en el individuo; dicho de otro modo, no se "encarna". Aquí es preciso recordar que el Cristo solo se encarna cuando encuentra un "vientre virgen", es decir, esa Gracia necesita unas condiciones de pureza para nutrir espiritualmente al ser humano. La primera condición es el encontrar un corazón capaz de albergarla, un corazón que debe de purificarse. Ese corazón los egipcios lo llamaban *ib* y lo representaron como una jarrita. Era el recipiente que era pesado en el juicio de los muertos o juicio de Osiris. En esta pesada, el corazón debía de pesar menos que la pluma de Maat, la representación del orden, el equilibrio y la justicia. Si pesaba más que la pluma, ese corazón era devorado por un monstruo y sufría la "segunda muerte".

Si era ligero y emanaba un buen perfume, *nefer,* entonces podía acceder al paraíso de los "Campos de Ialu". A ese corazón, a ese recipiente antes llamado por los egipcios *ib,* en el Medievo se le llamo grial.

La leyenda griálica

Ya hemos mencionado que en el Camino está muy presente el grial y mucho antes de que los trovadores franceses, británicos y alemanes de los siglos XII y XIII escribieran sus textos sobre el grial, había un lugar en el que esta tradición llevaba arraigada varios siglos. Ese lugar era la Península Ibérica y, más concretamente, la Jacetania aragonesa.

Efectivamente, el champañés Chretien de Troyes dejó inacabado su *Perceval o el cuento del grial* posiblemente cerca de su muerte acaecida en 1183. El también francés Robert de Borón, durante una fecha indeterminada de finales del XII y principios del XIII, escribe sobre el grial en su poema *José de Arimatea* y el bávaro Wolfram von Eschenbach finaliza su *Parsifal* en 1215. Asimismo, es en 1133 cuando el galés Godofredo de Monmouth difunde su identificación de la mítica Avalón con Glastonbury; todo esto sin entrar aquí a valorar la muy fundamentada tesis de que, una parte del origen y contenido del mito griálico, hay que buscarlo en el sufismo. Cuando estos textos fueron escritos, el Camino estaba ya "construido". Estas fuentes literarias sustentan y difunden en Europa un mito que, sin embargo, estaba presente en la agreste

Jacetania desde el siglo IV. Y ese lugar, o mejor, esos lugares, son en sí mismos un recorrido, el del grial, y se llamó la "Casa del grial".

El peregrino recibía del *buen saber* la enseñanza de:

- El vínculo del **grial** con el "arca marmórea", es decir, con el sepulcro. Es en la muerte cuando el grial cumple su función redentora, al igual que el *ib* egipcio, y confiere la "**inmortalidad**".

- El **grial** también representa el **linaje** espiritual de Jesús. Como hemos visto, Jesucristo deja la guía espiritual del cristianismo a su hermano Santiago el Justo.

- El **grial** es el símbolo de la nueva alianza, la **alianza crística**.

La Tradición conoce la Alianza con Noé, con Abraham y con Moisés, cada una de ellas representa un nivel más alto que el anterior respecto a la Revelación y relación del ser humano con Dios. El grial es pues la última Alianza previa al Apocalipsis o Revelación.

San Lorenzo, la Jacetania aragonesa y el origen de la leyenda

Se cuenta que allá por el siglo IV, el que después sería Papa Sixto II (decapitado en el año 258), visita el norte de España y hace amistad con los padres de san Lorenzo que tiene un hermano gemelo. Sus padres son san Orencio y santa Paciencia. Antes de continuar destaquemos que tanto los padres como los dos hermanos son santos, lo cual representa un hecho insólito que alcancen esta condición los cuatro miembros de una misma familia.

El Papa regresa a Roma y se lleva al niño Lorenzo en el que reconoce las virtudes cristianas. Pasa el tiempo y el emperador romano condena a muerte al Papa y este, antes de morir, encarga a Lorenzo, entonces diácono, que esconda las santas reliquias figurando entre ellas la más valiosa: el santo cáliz con el que el Señor celebró la Última Cena.

Nuestro santo, a su vez, encarga a otro cristiano que lleve la reliquia a la casa de sus padres en Huesca y él recibe también la muerte provocada por el famoso martirio de la parrilla. Su fiesta se celebra el 10 de agosto, unos días antes de la salida del peregrino desde Jaca

A partir de la llegada del cáliz a Huesca, este vive un singular periplo por tierras jacetanas según el relato más consensuado. Hay que destacar que este es un recorrido evidentemente simbólico vinculado a las siete Pléyades. En un capitel de una de las puertas de la catedral de Jaca se puede ver la entrega del grial a san Lorenzo por el papa Sixto II. *Foto 17* Su primera sede estuvo en la casa-granja de los padres de Lorenzo, actualmente santuario de Loreto a las afueras de Huesca. La segunda son las ermitas rupestres de Yebra. La tercera se sitúa en San Adrián de Sásabe. La cuarta estuvo en San Pedro de Siresa. La quinta en Bailo, muy cerca de Jaca. La sexta sede es Jaca. Y la séptima y última sede fue San Juan de la Peña.

En la actualidad, el grial que se conservaba en San Juan de la Peña está en la catedral de Valencia. *Foto 13* Conocemos la referencia histórica de 1134 de un texto que dice que en San Juan de la Peña "…está en un arca de marfil el cáliz en el que Cristo nuestro Señor consagró su sangre…". En 1399 el Rey de Aragón Martín I el Humano lo traslada a la Aljafería de Zaragoza. Ya en 1424 el rey Alfonso el Magnánimo lo traslada a Valencia en donde está expuesto. *Foto 14* Es una copa tallada en piedra procedente de Oriente Medio que la arqueología data del siglo I. Asimismo, las inscripciones que contiene este vaso ya conocidas, las recientemente halladas, el aval arqueológico y la tradición oral, hacen que este cáliz tenga muchas más garantías de autenticidad que cualquier otra reliquia parecida.

El recorrido antes mencionado evidencia la razón por la que esa zona, la Jacetania, era conocida entre las gentes del *buen saber* como la "Casa del grial" con todas sus ricas y numerosas leyendas asociadas. Esta presencia septenaria se refería a las Pléyades, o para los egipcios, las "siete vacas Hator" que, según la tradición eran las señoras del destino en la vida y en la muerte.

Simbolismo griálico

Esa búsqueda del grial requería además seguir unos pasos después de *hallarlo*, entendiendo este hallazgo como el descubrimiento de que el grial es el propio corazón y que no se refiere a ningún objeto físico. Es entonces cuando se inicia un proceso que se sucede en tres fases o "misterios":

- **Primer misterio griálico**. Hallarlo y vaciarlo. Este es el grial que corresponde a la etapa de Santiago peregrino, su sede está en **San Juan de la Peña**.
- **Segundo misterio griálico**. Limpiarlo y alinearlo con la Fuente. Este es el grial que corresponde a la etapa de Santiago Caballero, su sede está en **Nájera**. *Foto 15.*
- **Tercer misterio griálico**. Llenarlo hasta que rebose. Este es el grial que corresponde a la etapa de Santiago en Cátedra, su sede está en **O Cebreiro**. *Foto 16.*

La leyenda del grial es una magnífica metáfora que nos puede permitir hacer un sencillo resumen sobre el trabajo iniciático.

El grial se refiere naturalmente al corazón. Ese corazón que, lo repetimos, los egipcios llamaron *ib*, y lo representaron en jeroglífico como una jarrita. Este es un concepto espiritual, ya que el corazón físico era llamado por los egipcios *ati*.

1. El primer paso es "encontrar" la jarrita, el grial. Es decir, encontrar el lugar/instrumento con el que trabajar. Ese lugar es el corazón, entendido este como la estructura que guarda la inteligencia de la función espiritual viviente y que está "detrás" del corazón físico. Este *ib* no es perceptible a través de los sentidos, ya que carece de sustancia material. Este corazón verdadero solo pertenece a Dios, por este motivo en el Juicio de los Muertos de los egipcios se le hacían las preguntas al corazón, pues este nunca mentía dado que pertenece a Dios y no al ser humano. Era pesado en la balanza para saber si era ligero como la pluma de *maat* y no se le había cargado con el peso de las cosas del mundo. Encontrar el grial se refiere a la comprensión de que es el corazón el objeto de purificación y destinado a "contener" la Gracia.

2. El paso sucesivo es vaciar la jarrita, ya que si está ocupada por todo aquello que no le pertenece, no es posible que la Gracia lo ocupe. Debe ser poco a poco vaciada de los asuntos del mundo, de todo aquello que no pertenece a Dios. El siguiente paso es limpiarla, purificarla, pues la Gracia no toma asiento en lugares impuros, no inocentes. Tradicionalmente el instrumento de "vaciado" y posterior limpieza del corazón/grial han sido la plegaria y la práctica de la virtudes.

3. El siguiente paso es alinear la jarrita con la Fuente a fin de que se pueda ya verter, gota a gota, esa Gracia en la jarrita. Esa *sustancia* es la que "vivifica", activa el Corazón espiritual y lo hace operativo.

4. Por fin queda que la jarrita se llene y rebose del Agua de Vida. Asimismo, de esa Agua de Vida pueden también ya nutrirse los demás.

Así se logra la inmortalidad entendida esta como el acceso a lo eterno, evitando lo que los egipcios llamaban "segunda muerte", siendo todo esto el principal objetivo del Camino. Sin bien la primera muerte, la física, es inevitable, la segunda, la muerte de la individualidad espiritual que somos, es evitable si tenemos un corazón purificado. Si en el juicio de los muertos de los egipcios se pesaba el corazón, o sea, el grial, y este era ligero y se había nutrido de la Gracia, es decir, si estaba purificado, el fallecido podía alcanzar la inmortalidad; si su corazón era pesado y desequilibraba la balanza de *maat*, era devorado por un monstruo y padecía la **segunda muerte** que tanto temían. Esa Gracia ya inmersa en el corazón es como un perfume ligerísimo del agrado de Dios y su peso es muy leve. Recordemos de nuevo que en este Juicio de la Pesada del Corazón, a quien se le hacia las sucesivas preguntas sobre su vida en la tierra no era al difunto, si no a su corazón, debido a que este no podía mentir, al ser pura inocencia; este revelaba siempre la verdad respecto a la vida, intenciones y pensamientos más íntimos y profundos del fallecido.

Según el mito griálico se le preguntaba al caballero: "¿a quién sirve el grial?". Desde la perspectiva iniciática la respuesta es que sirve exclusivamente a Dios. que es su dueño. El corazón sirve encarecidamente al Señor, y ahí reside su naturaleza inocente; es la representación del

Cordero de Dios. El corazón trabaja para el ser humano, pero pertenece y sirve a Dios dando testimonio a Él por medio de su inocencia.

Nuestro Camino es pues Vía para la inmortalidad y nos proporciona las herramientas para vaciar, purificar y llenar el corazón y evitar así la segunda muerte.

Imagen del ib egipcio.

En clave esotérica

La segunda muerte y el crismón de Jaca

Desde la perspectiva iniciática, la Vía permitía al peregrino "salvarse" de la *segunda muerte*. Este concepto, como hemos visto, viene directamente del antiguo Egipto y, en pocas palabras, se refiere a alcanzar la eternidad y la condición de "glorioso" o estrella, pues si el cuerpo físico termina su función, o sea, muere- la primera muerte- la entidad espiritual que somos es susceptible de morir también.

En la catedral de Jaca, lugar de la primera "oca" como veremos más adelante, vamos a fijarnos en su famoso crismón rodeado de unos textos en latín. *Foto 11.*

La inscripción latina no deja lugar a dudas sobre este punto esencial. Esta es la traducción:

«VIVERE SI QVERIS QVI MORTIS LEGE TENERIS, HVC SVPLICANDO VENI RENVENS FOMENTA VENENI, COR VICIIS MVNDA, PEREAS NE MORTE SECVNDA»

"Si quieres vivir, tú que estás sometido a la ley de la muerte, ven aquí suplicante, renunciando a los alimentos envenenados. Purifica de vicios tu corazón para que no perezcas **de una segunda muerte**"

El texto no puede ser más claro. Nos habla de purificar el corazón para prevenir esa "segunda muerte".
El león que vence la muerte es el sol que renace cada día.

Este crismón era visitado por el peregrino después de pasar por el similar que hay en Santa Cruz de la Serós y cuyos textos tienen una coherencia que los hermana.

De tres en tres: los tres Caminos, los tres Santiagos y los tres griales

Según hemos visto, podemos hablar de tres Caminos en uno y, en breve, vamos a referirnos a los más desconocidos, es decir, al primero y al tercero. El primero se llama el de la "**Casa del grial**" y el tercero el "**Camino de la resurrección**". En medio de ellos la **Vía sacra**.

- El **primero** se refiere a "**La Casa del grial**". Este recorrido, se inicia antes de la llegada a Jaca por los enclaves que originaron la leyenda y, en los que aun hoy, es posible acceder a la comprensión de su misterio.

- El **segundo** es la **Vía sacra**, que va desde **Jaca** hasta **Santiago de Compostela**. A su vez se divide en tres tramos representados por los tres "Santiagos": el **Santiago Peregrino** en el primer tramo que va desde **Jaca** a **Nájera**; el segundo tramo correspondiente a **Santiago Matamoros** o **Caballero**, que va de **Nájera** a **O Cebreiro** y el tercer tramo, que corresponde a **Santiago en cátedra** o **Maestro**, que va desde **O Cebreiro** a **Santiago de Compostela**.

- El **tercero** es el que se conocía como "**Camino de la resurrección**" y discurre desde **Santiago de Compostela** hasta **Muxía y Camariñas**.

- Del mismo modo, en estos tramos se muestran los "tres griales" que señalan las tres fases de purificación:

  » El **grial de San Juan de la Peña**
  » El **grial de Nájera**
  » El **grial de O Cebreiro**

Imágenes

Foto 1

*Imagen de Nuestra
Señora de la Oca.*

Foto 2

*Imagen de Isis dando
el pecho a Horus.*

Foto 3

*Representación clásica de la
concha del Camino.*

Foto 4

*Concha de la tercera
dinastía egipcia.*

Mapa en el que se ve como los monasterios de San Adrián de Sásabe, San Juan de la Peña y la ermita de santa Orosia forman el "triángulo de verano" celeste.

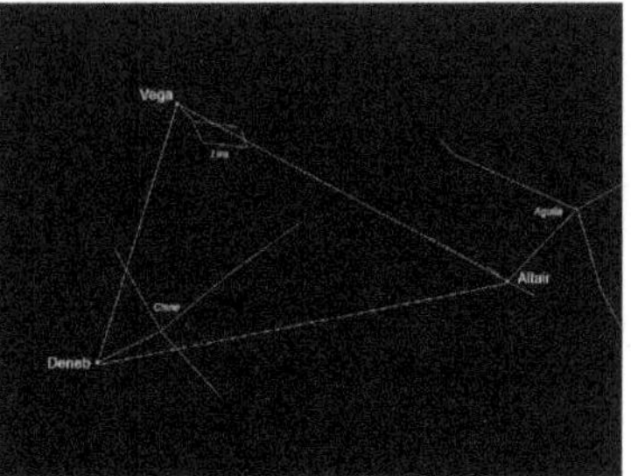

El triángulo de verano celeste que forman Vega, Deneb y Altair.

Imagen del Cristo en forma de constelación del Cisne en el tímpano de la iglesia de Barbadelo.

Constelación del Cisne.

Foto 9

Un *"mutus liber"*:
El juego de la Oca.

Foto 10

Cristo de la Oca
en Puente la Reina.

Foto 11

El crismón de Jaca con la inscripción
sobre la "segunda muerte".

Foto 12

La pesada del corazón. En un plato
de la balanza la pluma de maat, en la
otra el ib del difunto.

Foto 13

Iglesia de San Juan de la Peña.

Foto 14

*El grial que estuvo en San Juan
de la Peña y que se exhibe en la
Catedral de Valencia.*

Foto 15

*El segundo grial:
la jarra de azucenas junto la
Virgen de Nájera.*

Foto 16

*Tercer grial. El cáliz del mila-
gro de O Cebreiro.*

Capitel de la catedral de Jaca
en donde se ve como el papa
entrega el grial a san Lorenzo.

Una lápida del
cementerio de Noia.

La lápida del caballero de
San Julián de Moraime.

La lápida del "constructor"
de San Julián de Moraime.

*Representación de la "traslatio" en
el tímpano de la iglesia de Cereixo.*

*Primera imagen que se conoce de
Santiago como peregrino. Monasterio de Santa María de Tera.*

Foto 23

*Imagen de Santiago como caballero en
la catedral de Burgos.*

Foto 24

*La imagen de Santiago "en cá-
tedra" del Pórtico de la Gloria.*

Foto 25   Foto 26

"Tumba de luz" que se proyecta en el suelo de la iglesia de O Cebreiro al amanecer del día del solsticio de verano.

Foto 27   Foto 28

Escudo de Santiago: estrella, sepulcro y concha.

La palmera, símbolo de resurrección oriental flanqueada por dos conchas. Moraime.

*Representación clásica de
san Roque*

*Imagen de san Roque acompa-
ñado por un ángel. Iglesia de
san Jorge de Camariñas.*

*Iglesia de san Jorge
en Camariñas.*

*San Jorge en el altar de la
iglesia de Camariñas.*

Los tres "Santiagos"

Vamos a detenernos en los tres Santiagos que, como hemos dicho, representan a su vez tres estados.

- **Santiago Peregrino**. Este es el que siguió la ruta y, por tanto, la conoce y puede guiar en ella a quien solicita y reconoce su ayuda. Se le representa ataviado con los ropajes y elementos del peregrino. Se alcanza la condición de peregrino en **Jaca** y se confirma en **Rocaforte (Sangüesa)**. *Foto 22.*

- **Santiago "Matamoros"**. Es el Santiago caballero, es decir, quien ha adquirido las virtudes éticas, morales y de servicio para desenvolverse en el mundo como un caballero que, al final, tiene a Dios como único Señor.

  A este Santiago se le representa a caballo y blandiendo una espada. Se alcanza la condición de caballero en **Nájera** y se confirma en **Burgos**. Al lado de Nájera, en Clavijo, es donde nace la leyenda de Santiago "Matamoros" pues en una batalla se aparece montado a caballo y blandiendo una espada. Recordemos de nuevo que es en Nájera donde se funda la **primera orden de caballería de Occidente**. En cuanto a Santiago caballero, nos encontraremos con una imagen excepcional en forma de "Santiago del Espaldarazo" en Las Huelgas de Burgos que nombraba caballero a los reyes. Así mismo, es en **Puente de Órbigo** donde el caballero Suero de Quiñones cruzaba lanzas por su dama. *Foto 23.*

- **Santiago en "cátedra"**. Esta es la figura del Maestro que imparte enseñanza, lo cual ya es posible pues ha alcanzado el conocimiento trascendente. Se le representa sentado y en actitud de enseñanza y bendición. Se alcanza esta condición en **Santiago de Compostela** y se confirma en **San Julián de Moraime (Muxía)**. *Foto 24.*

Cada una de estas etapas proponía un aprendizaje propio.

El **aprendizaje del Peregrino**:

- Marchar ligero de equipaje y aprender a diferenciar lo necesario de lo accesorio, entendiendo que todo lo accesorio no es más que un peso inútil que dificultará su avance. Esto se entiende también respecto al peso de creencias, prejuicios, emociones dolorosas, etc.

- Aprender a leer correctamente la "lectura" del *mutus liber* o Libro de la Vida y así comenzar a comprender el "lenguaje de Dios" que se expresa a través de la vida, asimilando que no hay libro de sabiduría superior a este. Empieza a entender también que él es el templo verdadero. Desde esta perspectiva se comienza a comprender el lenguaje de los constructores.

- Entender el "pago de portazgos". En esta etapa el peregrino pasa los "puentes" pagando por ello. Así el peregrino entendía el significado del pago como "ofrenda" según fuera creciendo su vínculo con el servicio a Dios que se completará cuando alcance la condición de caballero más adelante.

- La práctica de las virtudes teologales.

  » La **Fe**, entendida, sobre todo, como confianza en lo que la Vía y la Vida proporcionan.

  » La **Esperanza**, entendida como aprender a ponerse en manos de Dios.

  » La **Caridad**, entendida como generosidad necesaria frente a sí mismo y a los demás.

El **aprendizaje del Caballero**:

- La virtud del **servicio**, siendo este concebido como generosidad y defensa de la justicia y la inocencia. Como parte de la comprensión del servicio estaba el principio de **obediencia**. En las órdenes de caballería y monásticas, este principio era ineludible. Así mismo, se empezaba a practicar el "anonimato" y el ejercicio de la discreción.

- La práctica de las cuatro virtudes cardinales:

  » **Prudencia**. Entendida como la capacidad de asumir la propia ignorancia y, a partir de ella, comprender la poca capacidad de juicio.

  » **Fortaleza**. Adquirir consciencia de que a pesar de la común condición humana de la ilusión de "poseer el control", el poder y la gloria solo le pertenecen a Dios, y en esta convicción, encontrar la fortaleza.

» **Justicia**. Asimilar los principios y diferencias de la justicia humana y la divina en la comprensión de que esta última es para el hombre aun incognoscible. A partir de esta comprensión, se ha de aprender a discernir.

» **Templanza**. Se refiere al equilibrio, a la necesidad de mantenerse en el "punto medio". El caballero ha de ser consciente de que tanto la dureza del rigor como la blandura de la compasión mal entendida pueden "romper su espada".

El **aprendizaje del Maestro**:

• Pone su vida en manos de Dios; muere a sí mismo y nace en Dios. Alcanza la libertad, se envuelve en el anonimato, recoge el fruto en forma de Conocimiento y se aplica en su función y en su deber.

Santiago del "espaldarazo" en Burgos.

Un *Mutus liber:* el juego de la oca

Un juego que guarda la clave

Tradicionalmente se ha vinculado el juego de la oca con el Camino de Santiago, aunque siempre de un modo impreciso.*Foto 9.*

Se cree que este juego fue un regalo de Francisco I de Medici al rey español Felipe II y se especula que esto ocurrió entre los años 1574 y 1587. Constancia documental de la existencia del mismo la tenemos en una cita de 1597. Sin embargo, es más que posible que el juego ya existiese antes de que el de Medici lo considerase un presente adecuado para el poderoso monarca español. La razón por la que la influyente familia Medici considerase que regalar un sencillo juego infantil al entonces soberano del mundo era algo apropiado, hoy se nos escapa, salvo que aquel juego tuviese un significado que va más allá del sencillo entretenimiento que procura.

En cuanto a sus características, vemos un recorrido con la presencia de 13 ocas y una última casilla llamada el Jardín de la Oca, por lo que en realidad podemos hablar de 14 ocas. La suma de casillas es, incluida la final, de 63, pero si añadimos la casilla 0 previa de salida nos da la cifra de 64.

Además de las casillas donde se ubican las ocas hay otras "especiales", se trata de:

- Los **Puentes** (dos). Casillas 6 y 12.

- La **Posada**. Casilla 19.

- Los **Dados** (dos). Casillas 26 y 53.

- El **Pozo**. Casilla 31.

- El **Laberinto**. Casilla 42.

- La **Cárcel**. Casilla 52.

- La **Muerte o Calavera**. Casilla 58.

Las ocas, a su vez, están colocadas alternativamente cada 5 y 4 casillas resultando que ocupan los números: 5, 9, 14, 18, 23, 27, 32, 36, 41, 45, 50, 54, 59 y la 63 como final.

Sin embargo, como hemos dicho, la tradición ha considerado también el número de 64. Pues siendo la casilla 63 *el omega,* es decir el fin, es necesario un *alfa,* un principio que está señalado en la casilla sin numerar de salida, lo cual nos da la cifra de 64.

Este número 64 es producto de la multiplicación de 8x8. Recordemos que el número ocho estaba profundamente ligado, en el *buen saber,* a Dios. En el Camino, el peregrino se detenía en las iglesias octogonales de **Eunate** y

Torres del Río para reflexionar al respecto de esta clave de construcción a imitación de la Cúpula de la Roca en Jerusalén, un lugar y un símbolo, el **ocho**, de unión entre el Cielo y la Tierra. Igualmente, el ajedrez, otro juego de profundo significado simbólico, muestra las 64 casillas. Este número 64 significaba para los constructores el "despliegue de la piedra cúbica" mostrado en un dado. Veámoslo:

1. La primera cara del cubo dobla el 1 y "nace" el 2.

2. La segunda cara del cubo dobla el 2 y "nace" el 4.

3. La tercera cara del cubo dobla el 4 y "nace" el 8.

4. La cuarta cara del cubo lo dobla el 8 y "nace" el 16.

5. La quinta cara del cubo dobla el 16 y "nace" el 32.

6. La sexta cara del cubo dobla el 32 y "nace" el 64.

Esta "extensión de la piedra cúbica" está representada en el ajedrezado del piso de las logias masónicas.

Es por este motivo por el que en el juego hay dos dados; uno convencional, el cubo, con las caras del 1 al 6; pero el otro "esconde" el cubo "desplegado".

Respecto al cubo, debemos recordar que la diosa Isis, cuyo nombre en egipcio era Iset, significa literalmente "trono" y ese trono es una piedra cúbica. Una piedra cúbica al igual que las que podemos ver en una logia masónica, en la sagrada Kaaba, en la enterrada piedra angular de cualquier catedral o en los modestos dados con los que se juega a la Oca.

Ya tenemos el *alfa* y *el omega*. Ahora, desde la casilla *alfa* de salida, se recorren las 63 casillas que salen de la multiplicación de 7x 9, es decir, números impares y, por tanto, dinamizados que activan. **Siete** son las grandes etapas y **nueve** son el número de casillas que abarcan dos ocas, pues recordemos, las ocas se sitúan siempre alternativamente cada 5 y 4 casillas. Ya hemos hablado del 14 y este número sagrado se refería al "doble siete". En el Génesis, cuando se dice que el mundo se creó en siete días, es preciso reparar en que esos siete días deberían tener sus siete noches y las gentes del *buen saber* tenían presentes tanto los días como las noches.

Por este motivo, cada dos ocas, o sea, cada nueve casillas, abarcaría un "día completo" con su noche. El día, la parte iluminada activa serían las ocas que corresponden a los "5" y las en sombra y reposo las que corresponden al "4". El viaje marcaría este proceso de "en siete días" que, con sus noches, nos da las 14 ocas, lo que nos permite entender que unas son diurnas o solares y otras son nocturnas y lunares. Son diurnas las ocas: 5, 14, 23, 32, 41, 50, 59, son nocturnas las ocas: 9, 18, 27, 36, 45, 54, 63. Desde Egipto y, a través de los pitagóricos, nos llegó también la idea de que los números pares eran femeninos y en reposo y los impares, masculinos y activados. En Egipto, había lugares de "nacimiento de los números", es en el templo egipcio de Abydos, dedicado a Osiris, en donde "nace" el siete en sus siete famosas capillas. En la capilla que hay a la entrada del templo de Ramsés III estaba el lugar del "nacimiento" del ocho formado por los cuatro padres y cuatro madres de la luz. Respecto al número nueve, este se refería a las *eneadas* tan presentes en la religión egipcia, especialmente la eneada de Heliópolis, su lugar de "nacimiento". También dentro de la religión egipcia aparece la idea de que el ser humano está constituido por "nueve cuerpos de luz". No es este lugar para desarrollar estos conceptos, pero baste con añadir que, como vamos viendo a lo largo de estas páginas, la religión egipcia formó la base del conocimiento esotérico occidental y una parte de ella pasó a Pitágoras y su escuela. Asimismo en cada "día", es decir, cada dos ocas, aparece su prueba:

1. **Primer día:** casillas 1 a la 9. El **primer Puente** en casilla 6.

2. **Segundo día:** casillas 10 a la 18. El **segundo Puente** en casilla 12.

3. **Tercer día:** casillas 19 a la 27. La **Posada** en casilla 19 y **primer Dado** en casilla 26.

4. **Cuarto día:** casillas 28 a la 36. El **Pozo** en casilla 31.

5. **Quinto día:** casillas 37 a la 45. El **Laberinto** en casilla 42.

6. **Sexto día:** casillas 46 a la 54. La **Cárcel** en casilla 52 y el **segundo Dado** en casilla 53.

7. **Séptimo día:** casillas 55 a la 63. La **Muerte** en la casilla 58.

La Oca, heraldo de la diosa

La mitología clásica ha vinculado siempre a la oca con la diosa romana Juno. En la tradición romana, las ocas consagradas a Juno eran cuidadas en los jardines del templo capitolino ya que, según la leyenda, con sus graznidos de advertencia salvaron a Roma del asalto de los galos. De este modo estos animales capaces de moverse en la tierra, el agua y los cielos, resultaban ser los mensajeros de los dioses.

Esta condición de animal sagrado vinculado a la "señora" pervive en la tradición de las 13 ocas que aún hoy se cuidan en el claustro de la catedral de Barcelona en homenaje a santa Eulalia. La leyenda piadosa dice que este número se debe a la edad de 13 años de la santa y a los 13 tormentos que padeció. Para el *buen saber,* su nombre que significa "la que bien habla" nos enseña, de forma muda, la trayectoria por las 13 ocas (sus años, sus suplicios) que hay que recorrer antes de alcanzar la santidad. Muchos peregrinos procedentes del Mediterráneo desembarcaban en el puerto de Barcelona y, desde muy antiguo, más concretamente desde el 877, fecha en que las reliquias de esta santa fueron guardadas en una capilla de la basílica anterior a la catedral, empezaban a "escuchar" a esta muchachita de gran elocuencia que les mostraba ya la primera señal: sigue el camino de las 13 ocas. A esta santa la encontramos en Mérida realizando la misma función para los que seguían la Ruta de la Plata.

La Virgen de la Oca

Si de ocas hablamos, es necesario empezar por la Señora de la Oca que tiene su casa en **Villafranca Montes de Oca** – casilla 21- o, más concretamente, en la bella y cercana ermita que lleva su nombre. Ermita originalmente prerrománica y ubicada al lado de lo que indudablemente fue un manantial sagrado. Muy cerca se encuentra también el encantador "pozo de san Indalecio", otro manantial de frescas y limpias aguas que brotó después de que allí fuera decapitado este varón apostólico discípulo de Santiago. En la iglesia de la localidad se utiliza como pila de agua bendita una concha enorme de 65 kilos de peso.

Merece la pena y mucho, ver la pequeña imagen de la Virgen de la Oca. De modo inusual, el niño está vuelto hacia su madre y ambos sonríen mirándose. Además el niño acerca su mano al pecho descubierto de la Virgen. Nos encontramos ante una *Virgo lactans*.

Aquí no nos queda más remedio que recordar la *lactatio Bernardi* como ejemplo de la importancia de esta nutrición. Este hecho representado en numerosos cuadros, nos muestra cuando san Bernardo, según él mismo narró, recibió en un sueño un chorro de leche del pecho de la mismísima Virgen María. Únicamente recordamos aquí brevemente la gran influencia que tuvo san Bernardo en el ideario medieval tanto monacal como caballeresco.

Otra singular referencia a la oca, entre otras en el Camino, está en **Puente La Reina** donde nos encontraremos un Cristo cuyo madero tiene una sorprendente forma de "pata de oca". *Foto 10.*

María representa la Iglesia Viviente. Todos los fieles son sus hijos y ella es la Gran Madre. Y Santiago es el jefe espiritual de esa iglesia que "es María". Para el *buen saber,* la Madre es la comunidad Viviente que es, en sí misma, un templo. En **Muxía,** justo en la última casilla antes de alcanzar el Jardín de la Oca, se encontraron ambos: María y Santiago.

Las ocas , el *Via Crucis* y el número catorce

Según la tradición cristiana, el *Via Crucis* son las 14 "estaciones" o etapas que Jesús sufrió después de su detención. Al día de hoy es común hacer en muchas localidades esta "Vía dolorosa" como un peregrinaje de meditación y oración siguiendo un camino señalado con cruces o con imágenes alusivas a cada momento de la Pasión. También es muy frecuente encontrarlo en prácticamente cualquier iglesia. Fueron especialmente los franciscanos los que extendieron esta devoción.

Pero si bien la tradición cristiana hace el énfasis en el dolor y la agonía, el verdadero protagonista para el peregrino es el "triunfo de la resurrección". En la Vía es este misterio el que se privilegia sobre el sufrimiento. El dolor es un pasaje, una estación que si bien hay que atravesar, es mejor hacerlo rápidamente y sin recreo ni en el sufrimiento ni en la autoindulgencia que proporciona el victimismo. El número de las catorce ocas hace alusión a las catorce estaciones; a su vez, también se refiere a los catorce trozos en los que dividió Set a su hermano Osiris para que, a continuación, su hermana y esposa Isis iniciase un peregrinaje en busca de cada parte con el fin de juntarlos y proceder a su "resurrección". Por esto la Vía es un recorrido de completamiento y unión.

Una cruz en el cielo: el Cisne

Hemos visto la relación que la oca tiene con Juno, Juno con Hera y Hera con la Vía Láctea. Siguiendo el mismo código estelar, las ocas de nuestro viaje aluden claramente a una constelación precisa: el Cisne *Foto 8*. *Via Crucis* significa "Camino de la cruz" y para el *buen saber* se refería a la Vía de la cruz que muestra el Cisne en el cielo.

Esta constelación es conocida desde muy antiguo y es una de las 48 que figuran en la lista de Ptolomeo. Su nombre se debe a la leyenda en la que Zeus se convirtió en un cisne con el fin de seducir a Leda. Otro relato cuenta que fue Orfeo el que, al morir, fue convertido en cisne. Esta constelación estuvo vinculada a los misterios órficos. Recordemos que estos misterios reflejaban las vicisitudes de Orfeo especialmente en su condición de "viajero al más allá o país de los muertos" para rescatar de allí a Eurídice. A este viaje sagrado se le llamó *catabasis* o viaje al inframundo y continuaba con la *anabasis* o resurrección. No es difícil ver la relación entre aquellos misterios órficos y el viaje de resurrección del peregrino de la Vía. Para los órficos, seguir los misterios era seguir el "Camino del Cisne". Queda añadir la identificación entre los misterios órficos y dionisiacos. Cuenta la leyenda que Dionisio, literalmente "hijo de Dios", es muerto, troceado y comido por los titanes. Solo se libra de ser devorado su corazón, siendo a partir de este corazón como Zeus, su padre, lo resucita. Valga esta muy escueta descripción de los misterios órficos y dionisíacos para encontrar entre sus símbolos, principalmente en el del corazón "no devorado" o su troceamiento, estrechos vínculos con la Vía. En otro mito, nace del muslo de Zeus. No olvidemos que según Plutarco, Dionisio era el mismo Osiris.

Esta constelación de verano- ya hemos dicho que el Camino se iniciaba el 16 de agosto, festividad de san Roque- que forma en el cielo una cruz, fue para los peregrinos una guía de orientación tanto física como mística. Es también conocida con el nombre de la "cruz del norte", culmina sobre el 20 de agosto y está situada en plena Vía Láctea. Su estrella más brillante, **Deneb**, forma a su vez junto a **Vega**, de la constelación de la Lira, y junto a **Altair**, de la constelación del Águila, el inconfundible "triángulo de verano". Este cisne celeste en vuelo, que no es otro que Orfeo, sugiere la relación de los cultos místicos con los misterios cristianos. Para el peregrino resulta revelador encontrar en Barbadelo la figura de Cristo a imagen de la constelación del Cisne. *Foto 7.*

El peregrino nunca se perdería si sabía seguir la oca en la tierra y al cisne en el cielo.

Según podemos ver en el mapa adjunto, *Fotos 5* y *6,* esta configuración estelar de "triángulo de verano" formado por **Deneb**, **Vega** y **Altair**, corresponde con una exactitud asombrosa al triángulo que forman **San Adrián de Sásabe** (Vega) **Santuario de Santa Orosia (**Altair)y al monasterio de **San Juan de la Peña** (Deneb). Estos lugares, junto a Santa Cristina, forman el recorrido de la "Casa del grial" según veremos.

La diosa Hera amamanta a Hércules.

Las 64 casillas de la oca y sus correspondientes etapas del Camino

De oca en oca: las etapas del Camino

En una pequeña obra de estas características, no me es posible explicar las relaciones de cada lugar mencionado con las casillas que propongo a partir de sus elementos simbólicos, míticos o legendarios. Mi propuesta es que el peregrino vaya descubriendo las claves cuando se ponga en marcha e inicie la ruta. Valgan por ahora algunas relaciones evidentes como la de las casillas 6 y 12 de los Puentes con las localidades de **Puente la Reina de Jaca** y **Puente la Reina de Navarra**.

La mayoría de estas 63 etapas pertenecen a lugares muy conocidos y reconocibles por todos los que recorren el Camino, sin embargo hay unos pocos que figuran aquí que hoy son prácticamente desconocidos o no se conserva casi nada de ellos, pero en su momento fueron lugares de gran importancia. Sirva de ejemplo el que fue el famosísimo hospital y monasterio de Tiendas en La Rioja.

VÍA

Esta sería, casilla a casilla, **el Camino completo:**

- Casilla 0 o de salida: El Port du Somport en su condición de límite entre lo profano y lo sagrado.

Se inicia el **Camino por la Casa del grial** que recorre:

- Casilla 1: Santa Cristina.

- Casilla 2: San Adrián de Sásabe

- Casilla 3: Ermita de Santa Orosia

- Casilla 4: San Juan de la Peña. **Sede del primer grial e inicio del "estado" de Peregrino**

Se inicia la **Vía Sacra** que recorre:

- Casilla 5: Jaca. **Oca 1**

- Casilla 6: Puente la Reina de Jaca **(primer Puente)**

- Casilla 7: Tiermas

- Casilla 8: Leyre

- Casilla 9: Sangüesa/Rocaforte. **Oca 2. Se confirma al Peregrino**

- Casilla 10: Monreal

- Casilla 11: Eunate/Olcoz

- Casilla 12: Puente la Reina **(segundo Puente)**

- Casilla 13: Lorca

- Casilla 14: Estella/Irache. **Oca 3**

- Casilla 15: Torres del Río

- Casilla 16: Logroño

- Casilla 17: Navarrete

- Casilla 18: Nájera. **Oca 4. Sede del segundo grial e inicio del "estado" de Caballero**

- Casilla 19: Santo Domingo Calzada **(Posada)**

- Casilla 20: Belorado

- Casilla 21: Montes de Oca

- Casilla 22: San Juan de Ortega

- Casilla 23: Burgos **Oca 5. Se confirma al Caballero.**

- Casilla 24: Rabé

- Casilla 25: Hornillos

- Casilla 26: Castrojeriz **(primeros Dados)**

- Casilla 27: Frómista. **Oca 6**

- Casilla 28: Villalcazar de Sirga

- Casilla 29: Carrión de los Condes

- Casilla 30: Tiendas

- Casilla 31: Terradillos de los Templarios **(Pozo)**

- Casilla 32: Sahagún. **Oca 7**

- Casilla 33: Burgo Ranero

- Casilla 34: Reliegos

- Casilla 35: Mansilla de las Mulas

- Casilla 36: León. **Oca 8**

- Casilla 37: Villadangos

- Casilla 38: Hospital de Órbigo

- Casilla 39: Astorga

- Casilla 40: El Ganso

- Casilla 41: Rabanal del Camino. **Oca 9**

- Casilla 42: Molinaseca**(Laberinto)**

- Casilla 43: Ponferrada

- Casilla 44: Cacabelos

- Casilla 45: Villafanca del Bierzo/Corullón. **Oca 10**

- Casilla 46: Trabadelo

- Casilla 47: Vega de Valcárce

- Casilla 48: O Cebreiro. **Sede del tercer grial e inicio del "estado" de Santiago** *in catedra*

- Casilla 49: Hospital de la Condesa (alto de Poio)

- Casilla 50: Triacastela. **Oca 11**

- Casilla 51: Samos

- Casilla 52: Sarriá **(Cárcel)**

- Casilla 53: Portomarín**(segundos Dados)**

- Casilla 54: Palas do Rey. **Oca 12**

- Casilla 55: Melide

- Casilla 56: Arzúa

- Casilla 57: O Pedrouzo/Arca

- Casilla 58: Labacolla (Monte do Gozo) **(Calavera)**

- Casilla 59: Santiago de Compostela. **Oca 13. Se confirma el "estado" de Santiago en cátedra.**

Se inicia el **Camino de la resurrección** que recorre:

- Casilla 60: Noia

- Casilla 61: Fisterra

- Casilla 62: Muxía

- Casilla 63: Camariñas. **Jardín de la Oca. Fin del recorrido**

Es necesario resaltar que cada lugar del Camino tiene su propia importancia independientemente que coincida con una oca o con una prueba. Cada uno de ellos tiene su "llave" particular que facilita el paso a la siguiente oca, a la siguiente prueba o a la siguiente fase griálica. Así mismo, algunos lugares están íntimamente vinculados a otros vecinos como la famosa **Cruz de Ferro** con **Rabanal del Camino**, el **Monte do Gozo** con **Labacolla** o **Sangüesa** con **Rocaforte,** en algunas casillas como en esta última se indica el lugar asociado. A continuación vamos a detenernos en aquellas casillas que representan "pasos" o "pruebas".

Los pasos: Puentes y Dados

Los Puentes

Al hablar de constructores de templos o de los "maestros de la piedra cúbica", no podemos olvidar ni a los que construían las calzadas o a los *pontifex* que levantaban puentes. Un puente es el lugar de paso de una orilla a otra, de una realidad a otra; sin su servicio, no es posible el avance. El *pontifex* es puente también entre cielo y tierra, es puente entre Dios y los hombres es, en definitiva, un maestro que facilita el avance y hace menos peligrosa y penosa la senda. En el tablero hay dos puentes que, en realidad son el mismo, el de la casilla 6, que corresponde a **Puente la Reina de Jaca**, y el de la casilla 12, es el de **Puente la Reina de Navarra**. Originalmente había un solo puente en la casilla 6 y, si se caía en él, se avanzaba hasta la 12, más tarde, en esta casilla 12 se puso otro puente. La 6 sería la "entrada" al puente y la 12, "la salida". Esta casilla 6 viene inmediatamente después de Jaca, en donde el peregrino se encomienda a san Roque que lo acompañará durante toda la ruta; pero es necesaria la intervención del *pontifex* y la comprensión de su función y servicio. La catedral de Jaca está consagrada a san Pedro, el primer pontífice del cristianismo, (ya antes los romanos tuvieron su *pontifex maximus*, cargo que tomó para sí el obispo de Roma) y, aquí, el peregrino atento entiende bien la enseñanza de que esos puentes a su servicio están ahí porque alguien los construyó. Y, como forma de gratitud, él paga el peaje de paso, que ayudará a los que vengan detrás. Lo mismo vale para calzadas, hospitales y albergues; él, cuando regresé del fin del Camino con su concha, podrá también servir anónimamente a otros, podrá construir "puentes" que ayuden y permitan a otros cruzar orillas, tanto físicas como espirituales. Pero, por otro lado, sin ese puente, la ventura de cruzar un río se vuelve algo peligroso. En los puentes se presenta la comprensión del peregrino de la necesidad de ayuda y guía. Nace en él un profundo agradecimiento hacia todos los que construyeron puentes, calzadas, albergues y hospitales en beneficio y ayuda de los que recorren la Vía. El primer puente nos conduce al extraordinario monasterio de **Leyre** y su leyenda del abad Virila vinculada al **tiempo**. El segundo, hasta otro no menos importante, **Irache** y su leyenda con el abad Veremundo vinculada a la **nutrición**.

Los Dados o las Puertas

Estos dados aluden a la piedra cúbica de los constructores y es una referencia al proceso mismo de construir. Cada cara se refería a un orden en la construcción entendiendo que en el séptimo día se "descansa" de construir y se "toma posesión de la obra", es decir, se mueve, se dinamiza la obra, se vivifica y se consagra a Dios. En el día 1, se ponía el suelo; el 2 la pared este; el 3, la pared sur; el 4, la pared oeste, el 5 la pared norte y en el 6 se techaba. En toda logia de constructores se enseñaba el paso de la piedra bruta a la piedra cúbica, que es con la que únicamente se puede construir, y que aporta orden, equilibrio y estabilidad. Como dijimos esta piedra cúbica es Isis, o *Iset* en lengua egipcia que literalmente significa trono, un trono en forma de piedra cúbica. Un trono destinado a que "se asiente la divinidad", por eso la piedra cúbica es imprescindible pues sin ella, sin el orden, el equilibrio y la estabilidad, "lo divino" no se asienta. Una vez en su trono, Isis, nutre a su hijo, o sea, que sin esa piedra-trono, la nutrición no se produce. *Foto 2.* Y esa piedra cúbica, tan querida y necesaria por los constructores, está "escondida" en los modestos dados del juego. Ya mencionamos anteriormente que uno de los dados tiene sus caras numeradas del 1 al 6 mostrando una forma de "crecimiento lineal", el otro es el que tiene sus caras "dobladas" y muestra un "crecimiento en despliegue". Hay dos casillas para los dados, porque sobre estas respectivas piedras cúbicas o piedras angulares, se muestran dos pilares. En todo templo hay una piedra angular visible y otra invisible; unas columnas de acceso visibles y otras invisibles y unas puertas visibles y otras invisibles. Las casillas 26 y 53 corresponden a los Dados. La casilla 26 corresponde a **Castrojeriz** y la casilla 53 a **Portomarín**.

En Castrojeriz está muy presente la figura de san Antón, el santo egipcio y eslabón fundamental en la cadena del conocimiento; asimismo esta localidad está bajo la advocación de la Virgen del Manzano, lo que en términos del *buen saber* se refería a un acceso vinculado al árbol del Génesis y a la " ciencia del bien y el mal" que da acceso a lo visible; por otro lado tenemos en Portomarín la legendaria figura de Pedro Peregrino. En ambos casos está muy presente la idea de una sabiduría ancestral llena de prudencia. Portomarín representaría el otro árbol del

Paraíso, el del la "Vida" y la puerta por la que se accede a él; representa lo "no visible". Es en **León**, casilla 36, donde nos encontraremos a la **Virgen del Dado** que, efectivamente, es ella misma Trono y, sobre este trono, se levanta e indica al Peregrino cual es la clave de los dados: dos piedra cúbicas, dos columnas, dos puertas, dos frutos de dos árboles diferentes; dos formas de crecimiento.

Por otro lado, los dados representan el azar, eran los *aleas* de los romanos tan aficionados a este juego. Cuando se tiran los dados, se crea el caos con el movimiento y luego, al caer estos, aparecía un orden expresado en una cifra: ¿azar o matemática incognoscible para la mente humana? Este juego, visto desde la perspectiva de un azar al margen de cualquier inteligencia implícita representa la profanación, es decir, la tentación de banalizar y trivializar lo sagrado cuando el orden del mundo no es "visible" y no se alcanza a comprender. Los dados muestran la enseñanza de discernir lo sagrado de lo profano. Asimismo representaban para el peregrino la oportunidad de reflexionar en aquello que, en apariencia, pertenece al azar, pero que en realidad pertenece a un orden superior incognoscible que surge de los designios de Dios.

Las cinco pruebas

Hay casillas que muestran pruebas y tentaciones que pondrán en valor la voluntad y determinación del peregrino, así como su capacidad de superación. Si bien las primeras cuatro pruebas, **la Posada, el Pozo, el Laberinto** y **la Cárcel**, que como vemos van en aumento en cuanto a dificultad de superación se refiere, ralentizan y hacen más penoso el viaje, es la última, **la Muerte,** la que impide el triunfo final y obliga a "empezar de nuevo".

Hacemos un breve resumen:

- **La Posada:** es el obstáculo de la pereza, de la sensorialidad que adormece y de la autocomplacencia.

- **El Pozo:** es el obstáculo de la codicia; apego a lo material y de la confusión y oscuridad mental en la comprensión del significado de los bienes del mundo.

- **El Laberinto:** es el obstáculo que representan los contenidos nocivos y las fantasías de la mente cerrada sobre sí misma o las emociones negativas que se convierten en "laberintos" que impiden "salir" hacia el bien, lo bello y lo bueno.

- **La Cárcel:** es el obstáculo de no comprender la diferencia entre libertad- las cadenas que el ego ha construido- y el libre albedrío y su importancia a la hora de diferenciar ambos conceptos y de tomar decisiones. Se refiere a cuando esas cadenas son una cárcel.

- **La Muerte o la Calavera:** es el obstáculo de no entender que el evitar la "segunda muerte" y acceder al "nacimiento en lo real" no es el final sino un nuevo inicio.

La Posada

Está ubicada en la casilla 19 y corresponde a **Santo Domingo de la Calzada** situándose tan solo dos casillas antes de la de Montes de Oca. En está casilla de Montes de Oca el peregrino tendrá un encuentro de gran trascendencia con la Virgen de la Oca, la cual lo nutrirá con su "leche celestial", es decir, aquí el peregrino debe de comprender que solo la nutrición de la Gracia lo hará crecer en luz y alimentará su naturaleza inmortal. Pero antes, está la posada que le ofrece confort, descanso y, sobre todo, otra nutrición, aquella que ha de satisfacer los deseos que el mundo ofrece. Solo cuando el peregrino comprende que únicamente con eso no logrará ningún avance, dejará la posada y se encaminará al encuentro con la Virgen de la Oca y la Gracia. Cuenta la leyenda que en esta población, una posadera ofreció sus encantos a un joven peregrino que la rechazó. Ella, despechada, lo acusó de robo y fue condenado injustamente a morir ahorcado. Sin embargo, el muchacho, por mediación milagrosa de santo Domingo no murió ante la incredulidad del alcalde que, en el momento en el que le dieron la noticia, empezaba a comer un asado de gallo y gallina; al oír la noticia exclamó: "Ese joven está tan vivo como estos animales asados" y, ante el estupor de los presentes, aquellas aves "resucitaron" dando fe del milagro. Desde entonces, todos los peregrinos que se acercan a la catedral pueden ver en ella una jaula donde se guardan una gallina y un gallo vivos.

El Pozo

El pozo es un obstáculo que presenta mayores dificultades de superación que la posada, de hecho, del pozo no se puede salir solo, te ha de sacar alguien, un compañero de Vía, un amigo, aquel que ejerce la generosidad y la caridad. El pozo está ubicado en la casilla 31 que corresponde a **Terradillos de los Templarios**, en mitad del recorrido y justo antes de Sahagün. Cuenta le leyenda que en Terradillos es donde está enterrada la famosa gallina de los huevos de oro que, según la leyenda, los templarios escondieron. Según la analogía alquímica, se explica bien la situación de hallarse "en un pozo". Llegado a esta etapa de la Vía, si el peregrino no había comprendido lo suficiente y todavía aspiraba "a la fabricación del oro común" y confundía aun el oro común con el oro alquímico de naturaleza espiritual, su camino se convertía en un pozo oscuro sin salida. Aquí, en estas alturas del Camino ya se ha de comprender que aspirar a los bienes del mundo, en cambio nada tiene que ver con pretender alcanzar los bienes espirituales. Aquí se comprende también que esa legítima conquista de los bienes del mundo ha de unirse a la generosidad. La falta de comprensión respecto a la "fuente de la riqueza" significaba "matar a la gallina de los huevos de oro". Y es aquí donde el peregrino ha de optar en donde pone sus esfuerzos dado que la energía es limitada. Hemos dicho que del pozo te saca otro, pero solo cuando pides ayuda a un cofrade, a un compañero de Vía que te auxiliará del mismo modo en que el peregrino también ayudará a compañeros de la Vía en otra ocasión.

El Laberinto

Estamos ya en la casilla 42, la cual corresponde a **Molinaseca**. Hace poco que el peregrino ha pasado ya la cumbre de la Cruz de Ferro y ha depositado allí su tributo en forma de piedra basta. En Molinaseca empieza la mítica tierra del Bierzo, y el Bierzo bien puede convertirse en un laberinto si el peregrino no está atento a cumplir su meta. El paraíso berciano es un lugar del que es difícil salir. La espesura y belleza de sus bosques, el murmullo de sus arroyos, incluso el golpe seco que aun se oye en la ancestral herrería de Compludo, la enorme atracción que pueden ejercer las sagradas cimas del Teleno y de la Quiana… toda esta fuerza de la naturaleza puede ayudar a la confusión si no se percibe como **"el velo"** que utiliza la Vida para ocultar su secreto. El laberinto, en realidad, se refiere a la propia mente del Peregrino, y si antes ese "velo" procuraba deleite, aparece la necesidad, ya imperiosa, de pensar de otra manera. Ha de empezar a pensar y ver el mundo "desde la elevación" con la mirada alta que ofrece una perspectiva nueva para ver más allá de las apariencias, para ver detrás del velo. Si conserva la mirada horizontal, no podrá salir del laberinto. En esta etapa, el peregrino se adentraba en el Valle del Silencio. De un laberinto es muy fácil salir si se le mira desde arriba. Y su aliado es precisamente ese silencio que es el lenguaje de

Dios. Lo ayudará en esta tarea una Virgen muy ligada al Bierzo y que se encuentra en la etapa siguiente en Ponferrada; es la virgen de la Encina. Dicho de otro modo, el peregrino podrá salir del laberinto si ya, en vez de ver solo una encina por muy sagrada que sea, es capaz de ver más allá del velo de su belleza y función, es decir ver ya a la Madre, y eso solo es posible si ya ha alzado su mirada. Su atención puede ir a la encina, o puede ir a una imagen de madera de la Virgen o puede ir a la Madre… Míticamente este es el laberinto del Minotauro. Al igual que en el caso anterior, el peregrino aquí también requiere ayuda, en este caso, como Teseo y su amada Ariadna, a través del hilo del **amor**.

La Cárcel

La cárcel se encuentra en la casilla 52 la cual corresponde a **Sarriá**. En esta población tan vinculada al Camino hubo en el siglo XIII un monasterio dedicado a la Magdalena muy importante, pero vamos detenernos en la sencilla y curiosa iconografía del tímpano de la iglesia románica del Salvador y que, milagrosamente, se conserva. Toda cárcel representa una privación de libertad, representa las cadenas que nos limitan e impiden avanzar. Sin embargo, bien sabemos que las más férreas y sólidas cadenas nos las ponemos nosotros mismos y que, habitualmente, nos construimos nuestra propia cárcel levantando sus muros con los contenidos de la mente que impiden que se expanda. Las cadenas y la cárcel de nuestras propias opiniones, juicios, convicciones, creencias… Pero volvamos al curioso personaje del tímpano que, a cada lado, tiene un árbol con seis ramas, cada uno de ellos coronado con una cruz: los dos árboles del Paraíso antes mencionados. El personaje tiene una mano alzada haciendo la señal de la bendición, pero la otra la tiene en alto haciendo la señal de "saludo"… o de "detente". No es difícil entender que, o nos bendice dándonos paso, o nos detiene.

Curiosamente, muy cerca del monasterio de la Magdalena, existe un cuidado edificio que hoy es un centro cultural pero que fue una cárcel preventiva como bien se ve en el letrero "Prisión" ubicado encima de la puerta. Dice Jesús en el Evangelio de san Marcos: *El sábado se hizo para el hombre y no el hombre para el sábado.* Creo que la comprensión de esta sentencia absolutamente liberadora y la presencia aquí de la figura de la mujer no como madre María, sino como compañera Magdalena, son las claves capaces de eliminar las cadenas que nos hemos puesto encima nosotros mismos. Si nos dan la señal de "adelante", en la siguiente casilla nos esperan de nuevo los Dados, en este caso, con la posibilidad de, ya libre de cadenas, de "crecer" más rápido y empezar a "ver".

La Muerte o Calavera

Esta casilla 58 corresponde a **Lavacolla**. Es aquí donde según la tradición los peregrinos se lavaban en el pequeño riachuelo de la localidad antes de seguir hasta Compostela cumpliendo un ritual de **purificación**. Actualmente el peregrino podrá ver la iglesia de san Paio y, muy cerca, una capilla dedicada a san Roque que está en medio de unos robles, lugar que sin duda fue sagrado. Un poco antes el peregrino debió de pasar por Sabugueira y visitar su iglesia de santa Lucía donde hay reliquias de esta santa. Recordemos que esta santa "ve sin ojos" y en una bandeja muestra los suyos. Antes de Compostela, la santa le ayudaba a "ver", allí procedía a purificarse y se encomendaba de nuevo a san Roque. Ahora podía seguir hasta el Monte del Gozo para después entrar en Santiago. Pero si el peregrino ha llegado a Lavacolla y no es capaz de "ver" aun ni de quedar puro, no tendrá el Gozo de acceder a Santiago en las condiciones justas. Y esto significará su "muerte".

Compostela corresponde al triunfo de la prueba de la Muerte Santa, la muerte iniciática que permitirá al Peregrino "nacer de nuevo" como dijo Jesús a Nicodemo. Sabemos que en el juego, si se cae en las casillas del pozo, la cárcel, posada o laberinto, significan un retraso pues se pierden turnos en el juego, pero si se "cae" en esta casilla 58, el jugador ha de empezar la partida de nuevo. En **O Cebreiro**, durante el solsticio de verano, la luz que entra por la ventana del ábside forma en el suelo de la iglesia un sepulcro de luz. *Fotos 25* y *26* Este sepulcro, que aparece donde el peregrino encontrará el tercer grial y su tarea correspondiente- alinearlo con la Fuente-, anuncia que así alcanzará el "segundo nacimiento en luz" una vez concluya su Camino.

En el ritual de iniciación de los templarios, por ejemplo, se encerraba de improviso al postulante durante un tiempo en una cueva, arropado solamente con una burda capa parda, un cántaro, un pan duro, una vela que al poco se apagaría y una **calavera**. Pasados varios días en los que el postulante había perdido ya la noción del tiempo, se abría el encierro y se le preguntaba si quería seguir. Naturalmente, el aspirante no sabía que le aguardaba, pero debía decidir rápidamente si continuar o no a pesar de encontrarse debilitado y confuso y, en muchas ocasiones, asustado. Si decía que no, regresaba a su vida obligándose bajo juramento no revelar a nadie su experiencia. Si decía que sí, le esperaba la siguiente fase: la del sepulcro. Si la superaba, era recibido como caballero del templo, o sea, ya era él "un templo viviente" con conciencia de ello. Durante el resto de su vida conservaría la raída capa parda como recuerdo de su experiencia. Sin embargo, esa experiencia no representaba más que el fin de una etapa y el inicio de otra. Otra más exigente aun en términos de ética, impecabilidad, servicio, disciplina, renuncia, obediencia, humildad… si eso no era entendido y se consideraba que esa "iniciación" era ya un logro, en realidad significaba una verdadera muerte en la medida de que su avance quedaba paralizado.

El *alfa* y el *omega*: los caminos olvidados

El camino por la "Casa del grial"

Hemos visto el recorrido oca a oca y ahora vamos a detenernos brevemente en el inicio llamado de la **"Casa del grial"** o **"Camino del grial"** y que representa el *alfa* desde la salida hasta la primera oca en Jaca, y el *omega* o **"Camino de la resurrección"** que transcurre desde la última oca en Santiago de Compostela hasta el "Jardín de la Oca".

Nos detendremos en ellos por ser los más desconocidos por la gran mayoría de peregrinos y haber sido casi olvidados, mientras que de las etapas del Camino Francés hay una gran abundancia de información histórica, artística y legendaria.

Este recorrido desde Somport hasta Jaca se llama el Camino del grial. El inicio en Somport es la puerta al Camino por la que iniciaban su ruta iniciática los que trataban de evitar la segunda muerte. La ruta "profana" comenzaba en Roncesvalles. Hasta el siglo XII, la entrada por Somport fue la más utilizada por los peregrinos, pero al ser más corto, fácil y menos peligroso el paso por Roncesvalles, junto a que se fueron olvidando las enseñanzas del *buen saber*, hizo que Roncesvalles se empezara a utilizar mayoritariamente como paso pirenáico.

Nos detendremos brevemente en este tramo de la "Casa del grial" ya que es la parte olvidada por los peregrinos actuales que, masivamente, prefieren iniciar el Camino por la puerta de Roncesvalles o puerta del caballero Roldán. Sin embargo, el origen de la leyenda del grial transcurre aquí y aquí, se encuentran las claves de su comprensión.

Hay razones que muestran que, en términos espirituales e iniciáticos, la puerta de entrada se encontraba en Somport.

- Lo dicho por Aymeric sobre el hospital de Santa Cristina

- La leyenda griálica vinculada en su origen a esta zona

- El texto del crismón de Jaca

- El reflejo en el mapa de la zona del "triángulo de verano"

Estos lugares significaban un aprendizaje necesario antes del encuentro de la primera oca en Jaca y el inicio de la Vía Sacra.

Col du Somport. Casilla de salida.
Este puerto representa el límite entre lo sagrado y lo profano. Cruzarlo significaba adentrarse en un camino espiritual que cambiaría la vida de quien se aventurase a ello. Y no nos referimos a los cambios de índole psicológica, emocional o vital que el Camino proporciona a todos los que lo recorran, sino a cambios también referidos a los aspectos iniciáticos y espirituales.

Santa Cristina. Casilla 1.

Hoy prácticamente no quedan más que unas pocas piedras del que fue un hospital importantísimo. Sin embargo, el lugar guarda esa esencia que nos transmitió la leyenda narrada anteriormente del martirio de la santa y su enseñanza.

San Adrián de Sásabe. Casilla 2.

Las ruinas del monasterio de San Adrián son una visita imprescindible. Este santo es el que lleva el timón de un barco salvador de "modo invisible"; en realidad es la figura de un guía. Es sorprendente la presencia de agua en el entorno y en el interior del monasterio. En el mapa celeste señala a la estrella **Vega** de la constelación de la Lira. Esta es la Lira de Orfeo. Orfeo logró convencer al señor del Hades para que dejase a su esposa muerta Eurídice salir otra vez al mundo de los vivos. Pero Orfeo miró atrás y tanto Eurídice como Orfeo quedaron en el Hades para siempre. Zeus puso su lira en el cielo y esta advertencia de no mirar atrás se tornó para el peregrino en un "mandamiento". Aquí estuvo el grial.

La ermita de Santa Orosia (Yebra). Casilla 3.

En la iglesia de Yebra de Basa se conserva la reliquia de su cabeza. Aunque pueda hacerse dura, se recomienda la subida hasta su ermita por el recorrido de las ermitas rupestres en las que estuvo el grial. El lugar de la ermita de la santa es sencillo pero hermoso y los visitantes se podrán refrescar en la fuente que, según la tradición brotó en donde cayó la cabeza de la santa al ser decapitada, y que posee propiedades salutíferas. En el mapa celeste corresponde al lugar de la estrella **Altair** de la constelación del Águila. Este águila fue enviada por Zeus con el fin de que llevara al joven Ganímedes al Olimpo para que hiciera de copero. En otros relatos es el propio Zeus el que se convierte en águila, el único animal que según el mito podía mirar al sol de frente.

San Juan de la Peña. Casilla 4.

Es imprescindible la visita a su excepcional monasterio dedicando especial atención a los capiteles de su maravilloso claustro que recrean, en imágenes, la vida de Jesucristo. Esta fue la sede del grial, ahora en Valencia, que según la tradición estaba expuesto en la capilla de la iglesia. Ya vimos que la leyenda del grial está íntimamente ligada a este lugar y podemos asociarlo al hecho de que a este lugar fueron trasladados los restos de san Indalecio, el heredero de Santiago el Justo y heredero de su linaje espiritual. Los dos fundadores del monasterio, san Voto y san Félix, santa Orosia y san Indalecio estuvieron aquí enterrados antes de ser llevados a Jaca.

En el mapa celeste aquí se sitúa la estrella **Deneb** de la constelación del Cisne. Esta constelación atraviesa la Vía Láctea y también ha sido llamada por su forma la Cruz del Norte, desde esta perspectiva, la estrella Deneb representaría la cabeza del crucificado. Según la mitología griega, esta constelación estaría vinculada tanto a Zeus, que se transformó en cisne para seducir a Leda, como a Orfeo que fue transformado en cisne tras su muerte. Esta Cruz de Norte o Cisne será la guía del peregrino en su viaje.

Este triángulo celeste de verano formado por las estrellas Deneb, Vega y Altair era muy fácilmente visible e identificable para el peregrino y le permitía reconocer, a su vez, al Cisne. Recordemos que el Cisne, en medio de la Vía Láctea, con su forma de crucificado, marcaba la "Vía crística".

Antes de llegar a Jaca y ponerse en marcha en la fecha del 16 de agosto, san Roque, era tradicional recorrer los lugares del grial, lugares que ya habrán visto como coinciden sorprendentemente con esta formación estelar. En estos lugares, se recordaba la leyenda y se homenajeaba a san Lorenzo el diez de agosto día de su festividad. Vecino a San Juan de la Peña, y en el camino a Jaca merece mucho la pena visitar el cercano monasterio de Santa Cruz de la Serós y detenerse a reflexionar en la inscripción que figura en su tímpano occidental y que es muy semejante al de Jaca. Dice: *"Yo soy la puerta eterna… yo soy fuente de vida… quienquiera que entres en el templo de la Virgen corrígete antes de invocar a Cristo".*

Jaca. Casilla 5. Oca 1.
Es imprescindible y necesaria la visita a su catedral deteniéndose en la puerta del crismón y en la puerta sur donde está el capitel con la entrega del grial. Justo al lado se pueden ver las marcas de las varas de medir del maestro constructor.

Ya vimos anteriormente la lectura del texto del crismón jacetano. También resulta interesante leer las letras griegas que componen un crismón con la mayor sencillez y siguiendo el giro de las manecillas del reloj. Si empezamos por abajo veremos que la primera letra que aparece es una *tau*, es decir, la "T"; continuamos con la letra *alfa*, o sea, una "A"; arriba nos encontramos la letra *ro*, es decir, una "R", continuamos con la *omega*, o sea, una "O" y finalizamos de nuevo abajo con la *tau*, acabamos con otra "T". Si lo leemos en letras latinas nos da "TAROT".

Crismón cuyas letras griegas nos da el término T.A.R.O.T.

En realidad no es extraño. El juego del tarot se difunde en el Medievo y, mucho antes de que fuera utilizado como método de adivinación, era usado como alegoría de un viaje. Es otro *mutus liber* que está también relacionado con la peregrinación. Volviendo al crismón, este está flanqueado por dos leones que, claramente, aluden al signo de Leo, concretamente al medio del signo de Leo que, como sabemos, corresponde a la fecha ya mencionada del **16 de agosto**, fiesta de san Roque, el patrón y guía del que comienza la Vía Sacra, siendo él mismo también un peregrino.

Al observar el tímpano, vemos debajo del león que queda a nuestra izquierda, un hombre agachado que agarra una serpiente; bajo el león de la derecha vemos un oso y un dragón. Estas imágenes representan constelaciones. Las de la izquierda las constelaciones de Ofiuco (el que agarra la serpiente) y Serpens, las de la derecha son la Osa Mayor y Draco.

Estas constelaciones están en el cielo bien visibles en esas fechas mirando hacia occidente. La puerta del crismón está abierta a occidente, al lugar hacia donde el peregrino encamina sus pasos, a la tierra de los muertos y, aquí está el aviso, deberá hacerlo para evitar la "segunda muerte". Asimismo, según indica el texto, se inicia el periodo de purificación y, ya se anuncia el Misterio de la Trinidad que podrá apreciar en el interior del templo en el que podrá ver las tres arcas de reliquias frente al altar. Una de ellas tiene los restos de santo Orosia, que el peregrino ya ha visitado en Yebra; otra tiene los restos de los santos fundadores de san Juan de la Peña, san Félix y san Voto, a los que también ya ha visitado y, la otra, las del ya mencionado san Indalecio. Es bueno recordar que en Compostela visitaremos un sepulcro que, al igual que aquí, también guarda tres enterramientos, el del apóstol y el de sus dos discípulos Atanasio y Teodoro. En Jaca, inicio de la Vía Sacra, **tres** sepulcros de **los que heredaron** las claves Iniciáticas de Santiago; en Compostela, fin de la Vía Sacra, otros **tres** enterrados, Santiago y sus discípulos, **los que dejaron la herencia.**

El Camino de la "resurrección"

Para iniciar el Camino de la Resurrección, parte el peregrino de Compostela saliendo por el Pórtico de la Gloria dejando atrás a Santiago el Justo que, desde su cátedra en el parteluz, lo ha bendecido. Lo primero, tras pasar por Padrón, donde deberá detenerse para ver la piedra de la leyenda que da nombre a la población, será visitar **Noia**. Allí los peregrinos del *buen saber* celebraban su propio funeral en vida. *Foto 18*. Morían respecto a su vida anterior y muchos cambiaban su nombre y encargaban la lápida de su tumba. Por ese motivo, cuando se levantaron muchos enterramientos del cementerio adosado a la iglesia de Santa María Nova, en un buen número de ellas no se encontró el cadáver. Los signos de estas lápidas aun crean controversia sobre su significado, pues si unas tijeras puede significar que el peregrino era un sastre, para el *buen saber* muestra la tijera de oro de Morta, la Parca que corta el hilo de la vida. Después, en esta misma villa se deberá detener a contemplar el rico simbolismo de la portada de la iglesia de San Martiño.

Continúa el peregrino hasta **Fisterra** y llega hasta Santa María das Areas y allí no encuentra la imagen de un Cristo de madera como todos los que ha visto hasta entonces a lo largo del Camino, sino uno hecho de piel animal y con cabellera humana, es decir, el símbolo de un Cristo "vivo". Aquí, el Domingo de Resurrección se recrea una representación de la resurrección en donde desde una pequeña estructura vecina a la iglesia que imita la tumba de Jesús, sale un niño que aparece ante unas vecinas ataviadas como las tres Marías mientras se suelta una paloma. En este punto y, junto al Cristo, el peregrino toma conciencia de que, más allá de lo orgánico, la muerte puede ser vencida: que puede evitar ser alcanzado por la "segunda muerte" y puede resucitar. Entonces, sus pasos se dirigen a Muxía, no sin antes detenerse en el cabo más occidental que es Touriñán y en donde podrá comprender la fusión de sol, cielo, mar y tierra. Por el camino se detendrá en la pequeña iglesia de Cereixo y, rodeado literalmente de tumbas, contemplará el tímpano de la *traslatio*. Verá una barca navegando en la que se halla un cuerpo muerto que está rodeado de siete personajes. Un poco antes de llegar a Muxía es obligatorio que el peregrino visite la iglesia de lo que fue monasterio de San Julián de Moraime. En la entrada principal también encontrará a siete personajes en su tímpano de pie y con atavíos eclesiásticos como representación de los siete varones apostólicos.

Portada de la iglesia de Moraime con los "siete".

Sin embargo, en el tímpano de una modesta puerta exterior, se aprecia una escena reveladora: sentados a una mesa se ven también a siete personajes que con sus dedos índices señalan a un niño que está sentado en medio de ellos: el *nenu* que da significado y sentido a todo el Camino.

123

En Cereixo una barca con un cadáver rodeado de los "siete", en Moraime el niño que acaba de nacer rodeado de los "siete". Muerte y resurrección.

San julián de Moraime:
el tímpano de los
"siete" con el nenu.

Para el peregrino no es difícil interpretar la escena del *nenu* como un nuevo nacimiento. Recuerda

El cordero triunfante de Moraime.

entonces de nuevo las palabras de Jesús a Nicodemo (*Jn.3:3*): *"De cierto te digo que el que no naciere de nuevo no puede ver el reino de Dios"*. En el interior se detendrá a ver las pinturas en las que la muerte dispara sus flechas sobre los siete pecados capitales- otra vez el siete- y contemplará justo en la parte trasera del tímpano del *nenu* una maravillosa representación del triunfante cordero de la inocencia. Seguirá hasta Muxía y es recomendable que suba hasta la cruz del monte Corpiño para luego bajar hasta el santuario de la Barca. Allí, entre aquellas enormes y evocadoras piedras, se encontrará con la que según la tradición era la quilla de la barca de la Virgen María y podrá subir a la piedra de *abalar*, una enorme losa que solo podían "bailar" los justos e inocentes, algo que hoy no se puede hacer, pues la rompió un rayo. Justo en este lugar se produjo el encuentro entre Santiago y María y, según la leyenda, ella venía justo de enfrente, en donde se levanta la ermita de la Virgen del Monte en Camariñas, prueba de ello son las huellas de sus pies que se conservan en una piedra frente a la ermita. Por mar son apenas cuatro kilómetros los que separan ambos puntos. Por tanto el peregrino regresará sobre sus pasos y llegará a Camariñas para acceder, por fin, al Jardín de la Oca.

Santiago de Compostela. Casilla 59. Oca 13.
No creo que haya muchas ciudades en el mundo que posean la carga de sacralidad y la serena belleza que tiene Santiago de Compostela. Un lugar que a toda persona que lo visita, independientemente de su propia fe o creencias, le procura un impacto. Visitar la ciudad despacio y bajo su cielo habitualmente nublado o incluso con lluvia, es una experiencia inolvidable. Hay mucho que ver en Santiago, pero solo nos referiremos a las visitas obligadas.

Lo primero es visitar la catedral situada en una de las plazas más bonitas del mundo dedicando especial atención al Pórtico de la Gloria. En él destaca la figura central del apóstol sentado en la cátedra y, encima de él, Cristo en majestad. Todo el Pórtico de la Gloria es en sí mismo un *mutus liber,* pero abordar ahora su lectura va más allá del propósito de esta obra. El peregrino cumplirá con el "abrazo al apóstol" y visitará el sepulcro. Ahora ya no podrá chocar su cabeza con la imagen llamada *santa de la memoria* pero es muy recomendable asistir al "vuelo" del *botafumeiro* y, desde luego, visitar la capilla de la *Corticela* además de reparar en los signos de cantería repartidos por la catedral. Apenas a cinco minutos caminando, nuestros pasos nos han de llevar a la iglesia de San Francisco y allí recordar la historia o leyenda del encuentro entre el santo de Asís y el carbonero Cotolay. Sin salir del casco antiguo deberá acercarse a la iglesia de San Fiz de Solovio, donde se dice que tuvo su casa Paio el "decidor de misas". Por último, nadie debería abandonar Santiago sin visitar la iglesia de Santa María del Sar, cuyo interior guarda una sorpresa al viajero que aquí no voy revelar. Por último, recomiendo vivamente al peregrino que disponga de tiempo para visitar el cercano Pico Sacro tan vinculado a la leyenda del apóstol y un lugar verdaderamente imponente en donde ya en el 911 se construye un monasterio dedicado a san Sebastián que, para el *buen saber,* se refiere por medio de su fecha del 20 de enero a la culminación de Orión y a sus ritos mistéricos asociados a Osiris.

Noia. Casilla 60.
Obligada es la visita a la iglesia y cementerio de Santa María Nova con sus lápidas repletas de símbolos que cubrían tumbas vacías en muchas ocasiones. Destaca en el cementerio el templete de los dos hermanos templarios. Un recuerdo a esa imagen clásica de los dos caballerios templarios sobre un mismo caballo y que para el *buen saber* son los jinetes Castor y Polux: una naturaleza

mortal junto a otra inmortal que la rescata. Seguimos con la visita a la impresionante iglesia de San Martiño con especial atención a su portada cargada de enorme simbolismo y en coherencia simbólica con el Pórtico de la Gloria.

Fisterra. Casilla 61.

Es indispensable la visita a la iglesia de Santa Maria das areas y ver la imagen de Cristo "vivo" y, en el exterior, su "tumba". Recomiendo subir al monte Facho para visitar las ruinas de la ermita de San Guillermo y ver su "cama" de piedra. Junto al faro se reúnen gran cantidad de peregrinos, pues hoy se cree que esta etapa es el final del Camino.

Muxía. Casilla 62.

Antes de llegar a Muxía, el peregrino debe visitar la pequeña iglesia de Santiago en Cereixo con el tímpano de la *traslatio* y su milenario e impresionante roble a la entrada. Llegando a Muxía existe una subida a la ermita de San Roque que recomiendo visitar en uno de esos días típicos de la Costa da Morte con niebla y fina lluvia. Pero es el 16 de agosto, día del santo, cuando se celebra aquí una fiesta popular; si el peregrino partió como manda la tradición desde Jaca el día de san Roque, debería llegar aquí en torno a las mismas fechas y celebrarlo. Muy poco antes de llegar a Muxía es **obligada la visita a la iglesia de San Julián de Moraime**. En el exterior destaca si mira hacia arriba en la entrada del edificio, una palmera flanqueada por dos conchas, algo curioso pues la palmera es un símbolo de resurrección de Oriente, si bien este símbolo parece tomado del monasterio de San Martín Pinario de Compostela, otro lugar imprescindible para comprender el desarrollo del Camino, esta vez por parte de los benedictinos.

Es en el tímpano del *nenu* donde el peregrino debe de detenerse y reflexionar. Verá a siete personajes, uno de ellos principal, que con sus dedos índices señalan a un niño que está sentado en el medio. Las guías nos dicen que es una representación de la última cena, pero en el relato evangélico ni hay siete personajes ni ningún niño. Desde el *buen* saber ese niño muestra el "segundo nacimiento" del que Jesús hablaba a Nicodemo y, en el interior, en el otro lado del tímpano, el Cordero muestra el triunfo de esa inocencia.

Si volvemos al punto de partida, desde tiempos lejanos se peregrinaba desde los pueblos de alrededor al monasterio de San Juan de la Peña para, el día de Pentecostés, pedir al santo abundante agua y buenas cosechas. Es en Pentecostés cuando los apóstoles recibieron los **siete dones** del Espíritu Santo: sabiduría, inteligencia, consejo, fortaleza, ciencia, piedad y temor de Dios. El tímpano parece mostrar como el *nenu,* el "recién nacido" recibe dichos dones después de la *epifanía* que acompaña a ese segundo nacimiento.

En la puerta principal, repleta de simbología, podemos ver de nuevo a los "siete" con san Indalecio portando atributos obispales.

En el interior también se pueden ver las pinturas de la muerte, una muerte triunfante y solar, *"matando"* a los siete pecados capitales en otra alegoría magnífica, por si estos no desaparecen no llega el Espíritu Santo con sus siete dones.

En el exterior están una lápidas valiosísimas que increíblemente llevan años ahí desprotegidas. Una de ellas muestra la espada del caballero ahora ya al servicio del corazón; la otra muestra las siete herramientas del constructor que, una vez edificado el templo, ya no son necesarias. *Fotos 19 y 20.*

Ya en Muxía, en el paseo que conduce al santuario, merece la pena visitar la pequeña y curiosa iglesia parroquial del pueblo.

Llega el peregrino al Santuario de la Barca, en cuyo derredor se extiende lo que fue un ancestral santuario lítico: un lugar absolutamente impresionante. Allí, frente al mar, es donde a Santiago el Justo se le apareció la Virgen.

Santuario lítico de Nuestra señora de la Barca. Muxía

Nuestra Señora del Monte, la llegada al Paraíso ... o al Jardín de la Oca

Casilla 63. Jardín de la Oca: Camariñas.

Pero el Peregrino, ya con mayúscula, debe seguir los pasos de la Oca hasta su jardín. Esta es la casilla 63 en donde encontramos el final. Quien llegue a Camariñas, justo enfrente de Muxía, habrá culminado su camino.

El Jardín de la Oca: la ermita de Santa María do Monte.

Es sorprendente que el punto final de la ruta sea la modesta ermita de la Virgen do Monte y, cerca de la puerta es donde se conservan las huellas de la Virgen y desde donde se divisa el Santuario de la Virgen de la Barca.

Si en Muxía nos hemos encontrado con la Virgen de la Barca, en Camariñas nos encontraremos con la Virgen del Monte, su hermana. Allí, en el alto del monte Farelo se encuentra su casa y se divisa uno de los panoramas paisajísticos más hermosos de la Costa da Morte. Aquí acaba el Camino de la Resurrección, por eso el lunes de Pascua para celebrar la resurrección del Señor se sube hasta su ermita a la Virgen del Monte en procesión. Y por eso la Virgen Patrona de Camariñas es la Virgen del Carmen, un nombre que viene del árabe *al karmel,* que significa "el jardín" y cuyo culto proviene del Monte

Carmelo en Tierra Santa. Este es el Carmelo del Peregrino: el "Jardín de la Oca". Recordemos que en las culturas de Oriente, los jardines eran la representación en la Tierra del Paraíso al que accedían los justos después de la muerte, si el peregrino ha eludido la "segunda muerte" y "ha vuelto a nacer", pueda ya acceder al **Paraíso**.

En el Monte Carmelo de Tierra Santa, sagrado desde tiempos inmemoriales, pervive la memoria del profeta Elías y es donde, siglos después, se fundó la orden de los Carmelitas. Asimismo, recordemos que esa figura legendaria que para los judíos es Elías, para los musulmanes es Al Kidher y para los cristianos **san Jorge**. *Foto 32.* Y, como no, en Camariñas nos encontramos que su iglesia está bajo la advocación de san Jorge, en gallego, san Xurxo. *Foto 31.*

Pero volvamos de nuevo a la pequeña capilla de la Virgen del Monte cuya construcción actual es del XVIII pero edificada sobre otra anterior. La ermita está perfectamente orientada hacia occidente y es un verdadero espectáculo asistir allí a la puesta del sol, a la "muerte" del astro rey. Unos metros delante de la puerta, dos marcas en una roca señalan, según la tradición, las huellas de los pies de la Virgen. Son varias las leyendas que nos narran la razón de la presencia de la Virgen en este lugar. Si enfrente, sabemos que en las piedras de Muxía se encontraron Santiago y la Virgen, esas huellas y su leyenda nos indican que regresó a su "casa del Monte Carmelo o del Paraíso" desde donde partió. Otro dato curioso que vincula a la Virgen con el lugar es el nombre del monte: Farelo. Este término, tanto en gallego como en portugués significa "salvado" referido a la cáscara del cereal y bien sabida es la relación de Virgo con la espiga del cereal. El signo correspondiente a la constelación de Virgo, comienza el 22 de agosto y esta es una buena fecha para seguir aquí, en el paraíso, después de celebrar las fiestas de la Virgen el 15 y la de san Roque el 16.

Esta localidad toma su nombre por la abundancia de una planta, "las camariñas", común a ciertas zonas de la costa atlántica que tradicionalmente se recogían precisamente el 15 de agosto. Con su fruto se hacían distintas recetas de dulces y era usada por los marineros para calmar la sed. Cuando florece, tiene un suave olor a miel. Está asociada a numerosas leyendas siendo la más común aquella en la que esos frutos parecidos a perlas nacieron de las lágrimas de una dama. Desde otra perspectiva, el dulce y blanco fruto de la camariña, es alegoría del fruto del Camino: ya no hay más hambre ni sed de Dios.

Imagen de Nuestra señora do Monte.
Camariñas.

La escultura de la piña en el Vaticano.

Volviendo a la ermita, en el altar hallará una pequeña figura sedente de la virgen con el niño de la cual se ignora la procedencia. En su mano derecha porta una piña. Este es en el cristianismo el símbolo sagrado del conocimiento además de que significa la unión de cielo y tierra. No en vano, en el Vaticano existe el famoso "patio de la piña" con la escultura de una piña, custodiada por dos pavos reales, de más de cuatro metros de altura que se yergue hacia el cielo; por cierto, el pavo real fue símbolo de la maestría espiritual. La piña guardaba un profundo significado simbólico en las religiones mistéricas, ya que aludía al fruto ya conquistado. Recomiendo vivamente al lector que vaya al Vaticano, que no deje de visitar esta pieza escultórica de profundo significado y que repare en todo lo que la rodea vinculado al antiguo Egipto.

En la iglesia de San Jorge, san Xurxo, el peregrino debe de detenerse en una imagen clásica en el Camino vista ya muchas veces a lo largo del recorrido: la de san Roque. Sin embargo, podemos ver en ella detalles que merece la pena destacar. San Roque, además del perro que tradicionalmente porta el pan, tiene a su lado un ángel que lleva una copa que, claramente, alude al vino. *Foto 30.* Es decir, las dos formas eucarísticas que, en el *buen saber*, el pan alude a la nutrición de la Gracia y el vino alude al alimento de la resurrección. Además, san Roque tiene en el sombrero las dos llaves con las que se representa a san Pedro; es decir, al peregrino que se nutre ya con el **cáliz de la resurrección**, se le conceden las llaves de la entrada al paraíso, al Jardín de la Oca.

Destaca también en la iglesia la talla de Santiago. Esta imagen tiene la curiosidad de que luce no una ni dos conchas en su atavío, sino **cinco**, dos en la esclavina y tres en el gorro. Llama la atención también el gran libro cerrado que tiene en su mano derecha.

Desde la perspectiva del *buen saber* ese libro es el *mutus liber* que permanece cerrado solo para quien no sabe "leerlo". Para el Peregrino que ha llegado hasta aquí, es ya una posesión que forma parte de él.

Las conchas o, mejor, su número de cinco, nos recuerda el triunfo que significa **vencer a la segunda muerte** y convertirse en una estrella, más concretamente en una estrella de

La talla de Santiago en San Jorge de Camariñas

cinco brazos que los egipcios llamaron *seba* y tan frecuente de ver en los techos de sus tumbas. A su vez se identificó con Shotis, una manifestación de Isis, que la porta en su tocado junto a la pluma de la justicia y el orden de *maat*. Este símbolo fue tomado a su vez por los pitagóricos que lo llamaron *pentalfa*. Siendo el **cinco** hijo del **tres** y del **dos**, servía para identificar el tres con el misterio de la Santísima Trinidad y el dos con la dos naturalezas encarnadas en Jesús-Cristo, la humana y la divina. El punto de confluencia y unión de esas cinco puntas, era el Uno que mostraba al Padre. La reflexión y comprensión de que todo esto **residía y habitaba en su cuerpo como templo viviente** formaba parte del fruto obtenido en su Camino y que le serviría como inicio en la nueva etapa de su vida que empezaba.

Despedida

El peregrino ha vuelto a nacer, su grial está rebosante y el Espíritu Santo le ha concedido los siete dones. Estoy convencido de que los peregrinos no regresaban a Compostela por el mismo Camino por el que llegaron hasta la Virgen del Monte. Es posible que siguieran por la Costa da Morte hasta llegar a Malpica y luego bajaran por el interior hasta regresar de nuevo a Santiago o siguieran por la costa atlántica y la cantábrica para alcanzar luego los Pirineos. Después de salir de Camariñas y, antes de llegar a Laxe, en donde recomiendo visitar su iglesia de la Atalaya con las cinco escenas en piedra de la resurrección de Jesucristo, muchos de ellos seguro que visitaban la impresionante playa de Traba y saludaban al curioso Santiaguiño de Traba en su iglesia, antes románica, ahora con fachada del siglo XVIII en la que se ven las famosas sirenas que, según la leyenda, dieron origen al linaje "mixto" de los Mariños , fruto de la unión de un hombre y una sirena. En esa misma fachada vemos como la Virgen sube al cielo y es recibida por Dios Padre. Aquí se verifica la Asunción de María que el peregrino celebró el 15 de agosto. Cerca de la playa, el peregrino podrá ver lo que queda de la laguna de Valverde donde quedó sumergida una ciudad pagana que no escuchó la prédica del apóstol al que también podemos ver en la fachada junto a Adán y a Eva. Si el peregrino dispone de tiempo, mi última recomendación es la visita a este modesto lugar.

Nuestro viaje termina o, mejor dicho, empieza. Queda regresar al mundo, volver a nuestra vida, a nuestras actividades, pero ahora con otra mirada, con el corazón más puro, con el fruto conquistado con amor, disciplina y abandono en manos de Dios. Espero que la perspectiva que he mostrado en estas páginas les haya podido ser útil y sirva para ayudar a que su experiencia en el Camino sea más profunda y completa. Ojalá que haya podido transmitir algo de la enorme potencia de conocimiento del viejo *buen saber*. Espero haberlo conseguido. Sea como fuere, les deseo buen Camino. ¡Ultreya!

Nuestras colecciones

Guías para todos aquellos que deseen ampliar sus conocimientos sobre asuntos específicos, grandes personajes, épocas, culturas, religiones, etc., ofreciendo al lector una amplia y rica visión de cada una de las temáticas, accesibles a todos los lectores.

Guías para gestionar con éxito un negocio, vender un producto, servicio o causa o emprender. Pautas para dirigir un equipo de trabajo, crear una campaña de marketing o ejercer un estilo adecuado de liderazgo, etc.

Guías para optimizar la tecnología, aprender a escribir un blog de calidad, sacarle el máximo partido a tu móvil. Orientaciones para un buen posicionamiento SEO, para cautivar desde Facebook, Twitter, Instagram, etc.

Guías para crecer. Cómo crear un blog de calidad, conseguir un ascenso o desarrollar tus habilidades de comunicación. Herramientas para mantenerte motivado, enseñarte a decir NO o descubrirte las claves del éxito, etc.

Guías prácticas dirigidas a la salud y el bienestar. Cómo gestionar mejor tu tiempo, aprenderás a desconectar o adelgazar comiendo en la oficina. Estrategias para mantenerte joven, ofrecer tu mejor imagen y preservar tu salud física y mental, etc.

Guías prácticas para la vida doméstica. Consejos para evitar el cyberbulling, crear un huerto urbano o gestionar tus emociones. Orientaciones para decorar reciclando, cocinar para eventos o mantener entretenido a tu hijo, etc.

Guías prácticas dirigidas a todas aquellas actividades que no son trabajo ni tareas domésticas esenciales. Juegos, viajes, en definitiva, hobbies que nos hacen disfrutar de nuestro tiempo libre.

Guías para aprender o perfeccionar nuestra técnica en deportes o actividades físicas escritas por los mejores profesionales de la forma más instructiva y sencilla posible,

EDITATUM

Libros para crecer

www.editatum.com